Ulrich Nitzschke

Revolution im Spiri-Land

Die Erleuchtung wird entzaubert

tao.de

Ulrich Nitzschke

Revolution im Spiri-Land

Die Erleuchtung wird entzaubert

tao.de

Impressum

1. Auflage 2014

Autor: Ulrich Nitzschke
Foto Umschlag: © Dylan [Fotolia.com]
Gestaltung Umschlag: Kirstin Dreimann
Gestaltung Innenteil: Kerstin Fiebig

Printed in Germany

Verlag: tao.de GmbH Bielefeld · www.tao.de · eMail: info@tao.de

Bibliografische Information der Deutschen Nationalbibliothek:
Die Deutsche Nationalbibliothek verzeichnet diese Publikation
in der Deutschen Nationalbibliografie; detaillierte bibliografische
Daten sind im Internet über http://dnb.d-nb.de abrufbar.

ISBN 978-3-95802-011-5 (Paperback)
ISBN 978-3-95802-085-6 (Hardcover)
ISBN 978-3-95802-086-3 (E-Book)

Alle Kinder, solange sie noch im Geheimnis stehen,
sind ohne Unterlass in der Seele mit dem einzig Wichtigen
beschäftigt, mit sich selbst und mit dem rätselhaften
Zusammenhang ihrer eigenen Person
mit der Welt ringsumher.

Sucher und Weise kehren mit den Jahren der Reife
zu diesen Beschäftigungen zurück, die meisten Menschen aber
vergessen und verlassen diese innere Welt des wahrhaft Wichtigen
schon früh für immer und irren lebenslang in den bunten Irrsalen
von Sorgen, Wünschen und Zielen umher, deren keines
in ihrem Innersten wohnt, deren keines sie wieder
zu ihrem Innersten und nach Hause führt.

[Hermann Hesse]

Revolution im Spiri-Land

Die Erleuchtung wird entzaubert

Wir sind hier, um über etwas zu sprechen,
was nicht zu verstehen ist, und wir werden dazu Wörter benutzen,
die es nicht darstellen können. Machen wir uns also gleich ganz klar,
dass es nicht gehen wird. Dann können wir im sicheren Wissen
um den bevorstehenden Misserfolg ganz entspannt bleiben.

[Richard Sylvester]

Inhalt

Teil Eins | DHARMA | Die Botschaft

Teil Zwei | SIDDHARTA | Wege des Ich

Teil Drei | SANGHA | Schüler und Lehrer

Teil Vier | BUDDHA

Teil Eins

DHARMA | Die Botschaft

1. Geschichten des Erwachens[1]: Richard, Tony, Nathan, Jeff

Wer geglaubt hätte, auf unserer spirituellen Szene gebe es zum Thema „Erleuchtung" nicht mehr viel Neues zu sagen, wird sich eines Besseren besinnen müssen. Denn seit ein paar Jahren machen einige Newcomer von sich reden, deren Botschaft alle gängigen Vorstellungen radikal in Frage stellt. Wir nennen sie hier „die Provokateure"

Sie füllen keine großen Säle. Keine Fernsehanstalt interessiert sich für sie. Treten sie in der Öffentlichkeit auf (was nicht häufig vorkommt), findet die Veranstaltung in ganz gewöhnlichen Räumlichkeiten statt, mit selten mehr als fünfzig Zuhörern. Ihre Bücher erscheinen bei kleinen, meist unbekannten Verlagen unter sonderbaren Titeln wie „Einfach nur Dies" oder „Das Buch Niemand". Sie fühlen sich keiner spirituellen Tradition zugehörig und verstehen sich auch nicht als Lehrer.

*

Wie viele andere Menschen auch waren die meisten von ihnen früher auf der Suche nach persönlicher Erfüllung und Lebenssinn. Heute führen sie ein ganz normales, unspektakuläres Leben. Wer ihre Veranstaltungen besucht (sie werden meist schlicht „Meetings" genannt), sollte keine Antworten auf persönliche Lebensprobleme erwarten . Auch keine kuschelige Spiri-Atmosphäre mit Meditationskissen und Räucherstäbchen. Wohlklingende Sanskrit-Namen, meditativ-sanfte Musik-Intros, indisch gestylte Gewänder, Porträts indischer Weiser, einnehmende Namaste-Gesten oder anderes Guru-Gehabe: alles komplett Fehlanzeige.

Zu ihren Zuhörern wahren diese Leute gesunde Distanz. Wer Fragen hat, fragt einfach von seinem Sitzplatz aus. Dennoch – oder gerade deswegen – ist die Atmosphäre in den „Meetings" ausgesprochen entspannt, geradezu freundschaftlich. Häufig wird geschwiegen, mindestens ebenso häufig herzlich gelacht.

Bei diesen Leuten ist irgendwie alles wie im ganz normalen Leben. Dabei tun sie alles, um ihre Zuhörer vor den Kopf zu stoßen.

*

Ihr Thema ist das Erwachen.[2] Doch hat dieser Begriff für sie nichts mit Pfaden zu persönlicher Glücksseligkeit zu tun oder ähnlichen spirituellen Höhenflügen, wie sie in den Köpfen vieler Sucher herumgeistern. Noch weniger mit kollektiven Wunschvorstellungen wie der Evolution der Menschheit zu höheren Bewusstseinsstufen oder der Rettung unseres bedrohten Planeten.

Alles Zukünftige interessiert sie nicht. Alles Vergangene ebenso wenig. Sie sprechen nur von Einem: vom Erwachen zu dem, WAS IST.

*

Wer sind diese Provokateure?

Die meisten von ihnen sind irgendwann im ganz normalen Alltag erwacht: auf einem Bahnhof, beim Spazieren im Park oder bei der Arbeit im Garten. Ihr Leben hat sich dadurch nicht groß verändert. Sie tragen ihre gewohnten bürgerlichen Namen, bezahlen ihre Steuern und begleichen ihre Rechnungen. Sie lieben die Natur, gehen gerne ein gemütliches Bier trinken und kommunizieren mit Freunden über das Internet.

Beginnen wir mit **Richard** (der das, was er zu sagen hat, gerne mit feiner britischer Ironie würzt).

Richard ist von Haus aus humanistischer Psychologe und Meditationslehrer. Über drei Jahrzehnte hatte er mit selbst-therapeutischer Arbeit und spiritueller Suche experimentiert und sich dabei eine beträchtliche Anzahl von

Methoden und Techniken angeeignet. Keine davon konnte ihm helfen über seine chronische innere Unruhe und Unzufriedenheit hinwegzukommen.

Doch dann geschieht eines Tages etwas Sonderbares:

An einem warmen Sommerabend in einem Bahnhof mitten in London verschwindet urplötzlich und vollständig dieses Ich-Gefühl. Alles bleibt wie vorher – Leute, Züge, Bahnsteige, tausenderlei Dinge – aber alles wird zum ersten Mal ohne eine Person gesehen, die all das vermittelt oder interpretiert.... Plötzlich ist klar, dass ich nie ein Leben gehabt habe, weil es mich als ein Ich nie gegeben hat. Einen ewigen Sekundenbruchteil lang wird erkannt, dass alles einfach so gesehen wird, wie es ist, wenn kein Ich da ist. Ich lebe nicht, ich werde gelebt. Ich handle nicht, aber Handeln geschieht durch mich, die Marionette des Göttlichen...

Aber eine Sekunde später ist das Ich wieder da und fragt: „Allmächtiger, was war denn das?". Dennoch, diese Millisekunde Niemand bringt unwiderrufliche Veränderungen der inneren Landschaft mit sich.

Es folgen Monate, in denen seine Ich-Bewusstheit immer wieder erscheint und wieder verschwindet. Keine leichte Zeit für Richard, denn

all die alten Schmerzen melden sich mit Wucht zurück, aber die bewährten Trostmittel und Bewältigungsstrategien greifen nicht mehr, sind sinnlos geworden.

Dann, ungefähr ein Jahr nach dem Bahnhofserlebnis, geschieht wieder etwas Eigenartiges. Richard ist gerade mit seinem Sohn in einem Bekleidungsgeschäft, um ihm einen Anzug zu kaufen. Da ereignet sich

ein ganz sanftes und totales Verschwinden der Person, und diesmal wurde gesehen, dass Bewusstheit ... nicht das geringste mit der Person zu tun hat. Es wurde gesehen, dass Bewusstheit als alles erscheint, dass sie in völlig gleicher Weise

‚in' allem ist – in den Wänden, dem Boden... der Straße draußen, den vorbeiziehenden Geräuschen, den Kunden und Verkäufern, aber auch ‚im' Raum zwischen all diesen scheinbaren Dingen... Zugleich wurde gesehen, dass alles bedingungslose Liebe ist.

In diesem Moment fällt Richards jahrzehntelanges Suchen vollständig in sich zusammen.

Das Gefühl der Trennung, das immer die Suche antreibt, die Suche nach etwas, was den Trennungsschmerz lindert, war zu Ende. Es wurde gesehen und es wird seither gesehen, dass Dies alles ist... Niemand muss irgendwohin gehen, nichts muss gesucht werden, Dies ist alles, und alles ist darin vollkommen und ganz.

*

Tony ist der Senior und zugleich der bekannteste unter den „Provokateuren". Über sein Leben ist nicht viel bekannt. Wie er selbst berichtet, fühlte er sich von Kindheit an auf der Suche. Obwohl er – nach normal-bürgerlichen Maßstäben – beruflich und familiär durchaus erfolgreich war, lebte er ständig in dem Gefühl, „dass irgendetwas Ungreifbares und Grundlegendes fehlte" und dass darin ein „gewisses Geheimnis" liege.

Diesem Geheimnis bemüht sich Tony zunächst in seiner Religion auf die Spur zu kommen, später in psychotherapeutischen Methoden und spirituellen Lehren. Aber nirgendwo erschließt es sich ihm – bis, ja, bis er eine Tages in einem Londoner Vorort in einem Park spazieren geht.

Beim Gehen bemerkte ich, dass mein Geist völlig mit Erwartungen beschäftigt war, was in Zukunft eintreten könnte oder nicht. Ich beschloss ganz bewusst, diese Projektionen loszulassen und einfach mit meinen Schritten zu sein. Ich bemerkte, dass jeder Schritt für sich ganz einzigartig vom Gefühl und vom Druck her war und dass das einen Moment anhielt und im nächsten bereits wieder vorbei war und sich nie wieder genauso wiederholen würde. Während all das geschah, fand ein Übergang statt: ich war nicht länger Zeuge meines Gehens, nur Gehen geschah... Über alles senkte sich eine totale Stille und Gegenwärtigkeit. Alles wurde zeitlos und ich hörte auf zu existieren. Ich hatte mich aufgelöst und es gab keinen Erfahrenden mehr. Es geschah Einssein mit allem ... und überwältigende Liebe durchströmte alles. Gleichzeitig damit stellte sich ein totales Verstehen von allem ein...

Diese Erleuchtung war ohne irgendeine Anstrengung meinerseits eingetreten. Ich hatte einfach begonnen, mein Gehen auf eine sehr leichte und natürliche Weise wahrzunehmen, da kam dieser Schatz zum Vorschein.

Diese umwälzende Erfahrung mündet bei Tony schließlich in die tiefe Erkenntnis, dass es in Wirklichkeit kein Geheimnis gebe, das zu entdecken wäre. Denn das Wunder des allumfassenden, endlosen SEINs sei stets präsent und werde nur durch die Illusion des Ich, ein davon getrenntes Individuum zu sein, verhüllt.

*

1995 macht Tony in seiner Schrift „The Open Secret" diese Erkenntnis publik. Darin grenzt er sich radikal von all den im Westen populären Lehren ab, die sich auf „Non-Dualität" bzw. „Advaita" berufen. Später folgen weitere Veröffentlichungen, in denen er seine Kernbotschaft näher erläutert, wie auch in seinen „Meetings", die regelmäßig in England und sporadisch auch in anderen europäischen Ländern stattfinden.

*

Auch **Nathans** Suche begann schon als Kind. Seine Ruhelosigkeit führte dazu, dass er frühzeitig die Schule abbrach und nach mehreren vergeblichen Versuchen beruflich Fuß zu fassen schließlich Hilfsarbeiter auf dem Bau wurde. Mit zweiundzwanzig wechselte er aus gesundheitlichen Gründen zum Obstpflücken und Gemüseanbau. In all den Jahren folgte er seiner „Obsession“ (wie er es nennt) die Erleuchtung zu suchen. Er las alles, was ihm an spiritueller Literatur in die Hände fiel, probierte unterschiedliche Lehren und Methoden aus. Am meisten begeisterte er sich für die großen Weisen des indischen Advaita.

Dann begegnet er eines Tages Tony Parsons. Bei ihm hört er zum ersten Mal, dass Erwachen nicht notwendigerweise mit einem besonderen Ereignis verbunden sein muss. Bald danach geschieht etwas, was ihn völlig überrascht:

Ich war beim Gärtnern, und der Regen rieselte herab. Ich schaute auf, und da war ein subtiles Empfinden, dass „ich“ nicht da war. Ich stieg auf mein Fahrrad und fuhr auf den Feldwegen herum, und es schien, als ob ein Film ablaufen würde, ohne dass irgendeine Anstrengung von meiner Seite nötig wäre an ihm teilzunehmen.

Im Laufe des gleichen Tages meldet sich allerdings sein „ich“ zurück und beansprucht dieses Ereignis als „seine“ Erleuchtung. In den darauf folgenden Wochen kommt es immer wieder zu Phasen, in denen es da ist und dann wieder weg. Was Nathan aber bleibt, ist die Sehnsucht diese Erfahrung der Ich-losigkeit erneut zu erleben.

Einige Zeit später fällt ihm der autobiographische Bericht „Kollision mit der Unendlichkeit“ der Amerikanerin Suzanne Segal in die Hände. Bei der Lektüre wird ihm schlagartig klar, wie viel Verwirrung entstehen kann, wenn nach einem Ereignis des Erwachens das Ich nicht als das gesehen wird, was es ist: „einfach ein Gedanke“, ein Teil des „großen Spiels des Lebens“. Er erkennt, dass, sobald diese Klarheit auftaucht, das Suchen und Leiden von selbst aufhört.

*

Nathan ist mittlerweile knapp vierzig. Nach zwei geschiedenen Ehen kümmert er sich als Alleinerziehender um seine zwei Töchter und verdient seinen Lebensunterhalt als Arbeiter im Gartenbau.

*

Jeff, der Junior unter den „Provokateuren", war als Student in Cambridge ein typischer jugendlicher Intellektueller. Doch als er mit 24 völlig unerwartet einen psychischen Zusammenbruch erlebt, fängt er an sich ungewohnte Fragen zu stellen: Wer bin ich? Was ist das Leben?

Jeff macht sich auf die spirituelle Suche, wie besessen von der Idee sein Ich zu transformieren. Und an einem nasskalten Herbstabend in Oxford geschieht es. Plötzlich ist Klarheit da: die Erkenntnis vom Ende des Ich und vom Einssein mit Allem. „Da war kein ‚ICH', das diese Klarheit erlebte, da war nur Klarheit..."

Später deutet er dieses Ereignis so:
Es wurde das Geheimnis gesehen, dass es in Wirklichkeit überhaupt kein Geheimnis gibt. Es wurde gesehen, dass wir bereits in etwas verankert sind, das weit über uns hinausgeht. Wir sind immer schon im gegenwärtigen Augenblick verankert, im Göttlichen, in der Einheit und dennoch wohnt nahezu allem, was wir tun, die Idee inne, dass wir es nicht sind. Alles, was wir tun, um präsenter zu werden, alles, was wir tun, um der Erleuchtung näher zu kommen – das sind genau die Dinge, die unsere Fremdheit von der Quelle verstärken. Das Geheimnis ist, dass sich das, was wir so verzweifelt suchen, immer genau vor uns befindet. Das Göttliche ist in den vollkommen gewöhnlichen Dingen des Lebens bereits anwesend.

In den Monaten, die dem Geschehen in Oxford folgen, macht Jeff die Erfahrung unterschiedlichster Bewusstseinszustände, denen er die Bedeutung von „spirituellen Erfahrungen" oder „Erwachen" gibt. Im Rückblick sagt er dazu:

Heute ist das ganze Drama verklungen. Da wird nur noch ein gewöhnliches Leben gelebt… Das Ganze ist zurück in ein sehr gewöhnliches Leben zusammengebrochen. Aber durch all das hindurch gibt es ein Gefühl von Gleichmut…eine tiefe, unerschütterliche Sicherheit, dass alles genau so passiert, wie es soll.

*

Was macht so gewöhnliche, liebenswürdige Menschen wie Richard, Tony, Nathan und Jeff zu „spirituellen Provokateuren"?

Ihre Botschaft.

Sie ist direkt und radikal. Sie provoziert und polarisiert.

2. Eine Provokation

Erwachen erscheint außerhalb des Traumes, außerhalb der Zeit, und ist vollständig jenseits von individuellem Bemühen, Weg, Prozess oder Glauben.
[Tony Parsons]

Die Botschaft der „Provokateure" geht von einer Wirklichkeit aus, die alles, was der Verstand als „normal" ansieht, komplett auf den Kopf stellt. Und dann behaupten sie, diese andere Wirklichkeit sei für jedermann jederzeit zugänglich: ein „offenes Geheimnis":

Die Botschaft des Open Secret weist auf die Möglichkeit hin, dass es eine radikal andere Sicht der Wirklichkeit gibt. Sie ist keine spirituelle oder religiöse Botschaft und sie erkennt auch keinerlei Art von spiritueller Autorität, Hierarchie oder Traditionslinie an. Sie versucht das einfache und mühelose Wunder des Seins zu beschreiben, das absolut nichts zu tun hat mit Pfaden, Entwicklung oder Glauben. Die Mitteilung über Open Secret kann nur auf das einfache Wunder des Seins hinweisen und versuchen zu erhellen, wie vergeblich es ist es zu suchen ...[3]

Jedes Bemühen ist somit überflüssig, ja zwecklos, heißt es da. Denn das, wonach gesucht wird, sei immer schon dagewesen.

Es gibt wirklich nichts zu erreichen, bis auf die Erkenntnis, dass es absolut nichts zu erreichen gibt. Kein noch so großes Bemühen wird jemals Einssein zutage fördern. Es bedarf nur eines Sprunges in der Wahrnehmung, einer neuen Perspektive, die bereits existiert, aber noch unerkannt ist.

*

Was aber, fragt sich der Sucher, hindert ihn diesen „Sprung in der Wahrnehmung" zu vollziehen? Seine eigenen Vorstellungen, sagt die Botschaft. Denn dadurch sähen wir alles „dualistisch". Soll heißen: Solange wir das, was wir denken für die Wirklichkeit halten, sind wir in Wahrheit getrennt von ihr. Und: solange wir uns als Individuen sehen, die ihr Leben selbst gestalten, jagen wir einer Illusion hinterher.

Und wo kommen die Vorstellungen her?

Sie entstehen, sagen die Provokateure, in unserem individuellen Bewusstsein. Also in dem, was wir üblicherweise unser Ich nennen. Dieses Ich aber sei nichts anderes als ein gedankliches Konstrukt und daher ohne Realität. Das Problem liege darin, dass wir mit diesem Ich identifiziert seien (was bedeutet, dass es uns unmöglich ist uns nicht als Ich zu sehen). Und diese Identifikation sei es, die uns hindere unsere Illusion zu durchschauen. Daher unsere chronische Unzufriedenheit und unser ständiges Suchen nach etwas, was uns erfüllen und „glücklich" machen könne. In Wirklichkeit gebe es nichts zu suchen.

Was immer ich suchen mag oder was immer ich glaube besitzen zu müssen, … all meine Sehnsüchte sind nur Ausdruck meines Verlangens nach Hause zu kommen. Und das Zuhause ist Einssein, dieses Zuhause ist mein eigentliches Wesen. Es ist bereits hier, einfach in dem, was ist. Ich muss weder irgendwo hingehen noch jemand anderes werden.
[Tony Parsons]

Entgegen unseren Vorstellungen lasse sich unser illusionärer Ich-Zustand nicht dadurch beenden, dass wir unser „Ego" unter Kontrolle bringen oder uns auf andere Weise zu einem „besseren" Menschen wandeln, sagen die Provokateure. Aus diesem Zustand zu erwachen könne vielmehr nur dann geschehen, wenn sein Ursprung, das Ich selbst, verschwinde. Erst dann ende das falsche Gefühl des Getrenntseins und das Leben könne als das gesehen werden, was es ist: ein Wunder jenseits aller Vorstellungen.

Sein hat keinerlei Erfordernisse. Nichts muss geändert oder erreicht werden, um zu sein. Denn diese gegenwärtige Erscheinung ist schon der vollkommene Ausdruck des Seins und kann nicht umgangen werden.
[Nathan Gill]

Alle Lehren und Pfade, die „Erwachen" oder „Erleuchtung" anstreben, seien deshalb nutzlos. Denn sie gründeten auf der Getrenntheit von Sucher und Gesuchtem. Damit werde aber das fundamentale Prinzip ignoriert, dass es im EINEN eine solche Trennung nicht geben könne. Nicht-Dualität („Advaita") auf einem dualistischen Weg finden zu wollen, sei ein Ding der Unmöglichkeit. Deshalb könnten auch Lehrer, die dieses fundamentale Prinzip nicht achteten, Suchende niemals zur „Erleuchtung" führen:

Lehren, Techniken und Stufenwege, die Erleuchtung anstreben, verschärfen nur das Problem, das sie lösen möchten, wenn sie die Vorstellung untermauern, das Selbst könne irgend etwas finden, was es meint verloren zu haben. Es ist genau dieses Bemühen, diese Investition in die eigene Identität, was ständig die Illusion einer Trennung vom Einssein aufrechterhält. Dies ist der Schleier, den wir für wirklich halten. Es ist der Traum von der Individualität.
[Tony Parsons]

*

Suchende, so die Botschaft, seien deshalb gut beraten sich diejenigen, die als Lehrer auftreten, gut anzusehen. Es gebe darunter Menschen, die bestimmte tiefe Erfahrungen gemacht hätten und sich nun einbildeten in einem „erleuchteten“ Zustand zu sein. Außergewöhnliche Erfahrungen aber hätten mit Erwacht-Sein nichts zu tun. Denn Erfahrungen machen könne nur ein Ich, *ERWACHT-SEIN* aber setze die Auflösung dieses Ichs voraus.

Menschen, die Behauptungen über Erleuchtung aufstellen oder bestimmte Standpunkte vertreten, haben einfach nicht ihre paradoxe Natur begriffen und maßen sich an, sie besäßen einen Zustand, den sie angeblich erreicht hätten. Wahrscheinlich haben sie eine bestimmte tiefe persönliche Erfahrung gemacht, aber sie hat absolut nichts mit Erleuchtung zu tun. Folglich bleiben diese Menschen auf ihr eigenes individuelles Konzept fixiert, das auf ihren speziellen Glaubenssätzen basiert. Oft brauchen sie es für sich, die Rolle eines „spirituellen Lehrers“ oder eines „erleuchteten Meisters“ zu spielen, und unvermeidlich ziehen sie Menschen an, die Studenten oder Schüler sein wollen.
[Tony Parsons]

Im EINSSEIN , so die Botschaft weiter, könne es somit auch keine Unterscheidung zwischen „Lehrenden“ und „Lernenden“ geben – und infolgedessen auch keine „Lehre“.

Die Lehren, die nach wie vor in der Dualität wurzeln, bringen unvermeidlich eine Spaltung zwischen dem „Lehrer" und jenen hervor, die der Lehre folgen wollen.... [Damit] baut sich gewöhnlich eine Kluft zwischen dem „Meister" und seinen Anhängern auf. Je größer die Besonderheit des „Meisters" wird, desto verwirrter und unterwürfiger werden viele Schüler. Als Folge verfallen die Betroffenen entweder kritikloser Verehrung oder der Ernüchterung, oder sie wachen auf und entwickeln sich weiter.

*

Eine revolutionäre Botschaft, in der Tat! Aber ist, was sie vermittelt, neu ?

Keineswegs, meint Tony:

Nichts ist neu an dem, was hier zum Ausdruck gebracht wird. Wir alle haben ein Gespür davon, und es ist auf verschiedenste Art und aus unterschiedlichsten Quellen darüber gesprochen und geschrieben worden.

Und Richard auf seine herrlich ironische Art bringt es so auf den Punkt:

... man hört nur nicht so viel davon, weil sie so viel weniger faszinierend ist als Geschichten von spiritueller Entwicklung. Die Auffassung, dass ich irgendwie eine Person bin, der etwas fehlt, die aber zum Ausgleich dieses Mangels etwas tun kann – mit überkreuzen Beinen in einer Höhle sitzen oder rezitieren und dazu Räucherstäbchen abbrennen – ist so viel ansprechender. Deshalb hört man davon sehr viel. Aber die andere Sicht war auch immer da. Es gibt nur nicht viele, die sich dafür interessieren. Es klingt einfach nach nichts, wenn man tantrischen Sex dagegenhält.

3. Die Traditionalisten schlagen zurück

Mit der Wahrheit ist das so eine Sache. Es gibt sie in vielen Fassungen.
[Richard Sylvester]

Kein Wunder, dass sich angesichts solch provokanter Ansichten den Gelehrten des klassischen Advaita-Vedanta die Nackenhaare sträuben. Müssen sie doch bereits seit Jahren mit stillem Grimm verfolgen, wie die populäre spirituelle Bewegung im Westen mit ihren altehrwürdigen indischen Lehren umgeht. Irgendwann war dann offenbar das Fass voll: den respektlosen Verzerrungen sollte nun endlich öffentlich und mit der gebotenen Deutlichkeit entgegentreten werden.

Gedacht als eine Art autoritative Richtigstellung, erscheint so 2008 im hauseigenen Verlag das programmatische Werk „Erleuchtung. Der Pfad durch den Dschungel" *(„Enlightenment. The Path through the Jungle")*[4]

*

In der Sicht des Autors haben sich im Westen unter denen, die sich auf das klassisch-indische Advaita berufen, etwa seit der Jahrtausendwende zwei unterschiedliche Richtungen herausgebildet. In der ersten würden unter Bezug auf Ramana Maharshi und H.W.L. Poonja die Schüler zur Selbsterforschung und zur unmittelbaren Wahrnehmung der Stille ermutigt. Die andere, die der radikaleren Sicht Nisardagattas näher stehe, lehne dagegen jegliche spirituelle Praxis ab. Sie sei „westlich geprägt" und „psychologisiere" zu viel.

In dieser zweiten, abwertend mit „Neo-Advaita" bezeichneten Richtung sieht der Autor den eigentlichen Gegner. Als Hauptunterschiede zum traditionellen Advaita-Vedanta führt er an:

- Traditionelles Advaita-Vedanta betrachte die alten Schriften als Erkenntnisquellen. Es verfüge über bewährte Methoden und der neuen Zeit angepasste Interpretationen, um die Erkenntnis beim Schüler zu wecken und Schritt für Schritt zu fördern. „Neo-Advaita"- Lehrer dagegen konfrontierten den Schüler direkt mit der Wahrheit der Non-Dualität. Dies sei unsinnig, da Sprache, Lehrer und Schüler der weltlichen Sphäre der Dualität angehörten. Überdies werde der Schüler, der von seiner Existenz als getrenntes, leidendes Individuum überzeugt sei, dadurch völlig verwirrt. Erklärungen und Interpretationen des Lehrers seien unter diesen Umständen nutzlos.

- Die traditionellen Lehrer seien qualifiziert und autorisiert. Da sie mit unterschiedlichen Methoden vertraut seien, könnten sie sich auf das jeweilige Erkenntnisniveau des Schülers einstellen. Das bei „Neo-Advaita" angewandte Format einer „Satsang"-Veranstaltung dagegen kenne weder individuell angepasstes Lehren noch Kontinuität. Allen Anwesenden werde ein „Einheitsmenü" geboten. Da die Lehrer weder qualifiziert noch autorisiert seien, fehle ihnen die Fähigkeit dem Schüler in seinem Prozess wirklich zu helfen. Auch habe der Schüler keine Möglichkeit zu erkennen, ob sein Lehrer tatsächlich erwacht sei oder nicht.

- Die Vertreter des „Neo-Advaita" behaupteten, es gebe keinen Handelnden, keinen freien Willen, keine Erleuchtung und deshalb auch keine Wege zur Erleuchtung; deshalb sei jede Art von spiritueller Praxis ohne jede Bedeutung. Eine derartige nihilistische Einstellung sei für den suchenden Schüler aber alles andere als hilfreich. Sie verwirre ihn, entfremde ihn möglicherweise von anderen, positiven Wegen und könne ihn sogar zu unethischem Verhalten verleiten. Zum Erwachen führe eine derartige Einstellung jedenfalls nicht. Bei der traditionellen Lehrpraxis, bei der der Schüler über lange Zeit in seinem Erkenntnisprozess begleitet und auf bewährter Grundlage gefördert werde, bestünden dafür hingegen gute Chancen.

*

Noch im selben Jahr veröffentlicht Tony Parsons auf seiner Internetseite eine Replik. Darin erklärt er einleitend, eine detaillierte Erwiderung halte er für sinnlos; die beiden Sichtweisen seien völlig unvereinbar. Anschließend stellt er die wichtigsten Inhalte seiner eigenen Sicht wie folgt klar:

- Die grundlegenden Prinzipien der traditionellen Lehre ebenso wie die des größeren Teils der „Satsang"- Bewegung beruhten auf dem dualistischen Glauben, es gebe einen Sucher, der etwas erlangen könne, was Erleuchtung genannt wird. Die Botschaft des Open Secret hingegen erkenne beides als Eins. Alles, was IST, sei Ausdruck dieses EINEN.

- Das traditionelle Advaita lehre, ein Werdegang zum Erwachen sei möglich. Open Secret halte diese Auffassung für einen grundlegenden Irrtum, der unzählige weitere zur Folge habe. Demgegenüber versuche Open Secret das Wesen dessen zu beschreiben, was ist, und nicht zu lehren, was sein sollte.

- Der Verfasser des Buches vertrete die Auffassung, es gebe ein real existierendes Individuum, das, versehen mit einem freien Willen und Entscheidungsfähigkeit, sein Leben bewusst lenken und so auch durch eigenes Bemühen Erleuchtung erreichen könne. Die Botschaft des Open Secret dagegen besage, dass dieser Glauben an die Individualität nur eingebildet sei – und überdies die Ursache für zahlreiche weitere illusionäre Glaubensvorstellungen wie Autonomie des Menschen, Zeit, Sinn, Schicksal, Göttlichkeit und Kharma.

- In dem Buch werde empfohlen, das Individuum solle, um das Gefühl des Getrenntseins aufzulösen und Erleuchtung zu finden, einen spirituellen Stufen-Weg gehen; zu diesem gehörten u.a. Meditation, Selbst-Erforschung und die Eliminierung von Ego und Ignoranz durch ein gründliches Verständnis der Schriften und die Führung durch einen Lehrer. Open Secret erkläre demgegenüber, solche Empfehlungen beruhten auf der Illusion des Getrenntseins und infolgedessen sei auch das Bemühen derjenigen, die ihnen folgen, illusionär.

- Das Buch halte Erleuchtung für etwas, was mit Worten beschrieben und was auch tatsächlich erreicht werden könne; das Wissen davon, dass die gesamte Wirklichkeit non-dual sei, sei dafür ausreichend. Die Botschaft des Open Secret dagegen besage, dass es weder so etwas wie Erleuchtung gebe, noch ein Individuum, das erleuchtet werden könne. All dies seien lediglich Gedanken, die innerhalb der vom eingebildeten Ich „erlebten" Geschichte kommen und gehen.

- Um dem Sucher auf seinem Weg zu seiner Erleuchtung zu helfen, stütze sich die Lehre des traditionellen Advaita auf Logik, Vernunft, Glauben und Erfahrung, rationale Erklärung, „Wahrheit" und traditionelles Wissen. Open Secret höre sich dagegen unlogisch, unvernünftig, unglaubhaft, paradox, vage, unspirituell und kompromisslos an. Weder gebe es ein Konzept noch eine Absicht die scheinbare Individualität zu unterstützen oder zu verändern. Die Resonanz der Botschaft übertrage sich rein energetisch, nicht durch den Austausch von Gedanken. Sie gehe allem Lehren voraus und sei dennoch ewig neu. *„Dogmas, Doktrinen und Stufenwege, die durch Opfer, Disziplin, Verbesserung und Reinigung des Selbst die Erleuchtung versprechen, üben auf den Teil des Suchers, der sich un-wert fühlt, eine große Anziehungskraft aus. Darin liegt die Macht der Religionen und solchen anderen Lehren begründet, die demjenigen Belohnung versprechen, der sich bemüht"*. Traditionelles Advaita sei eine dieser Lehren. Es lehre, was man wissen könne. Open Secret dagegen entlarve das Getrenntsein als Mythos und weise auf das hin, was man nicht wissen, sondern nur als Gnade erfahren könne.

Teil Zwei

SIDDHARTA | Wege des Ich

Es geht nicht um die Erfüllung von Erwartungen, sondern darum, von den Erwartungen frei zu sein... Es geht nicht um ein allmähliches Fortschreiten in Richtung eines Ziels in der Zukunft, sondern um ein radikales Erwachen zu dem, was ist.
[Leo Hartong]

1. Geschichten des Erwachens: Franziska, Suzanne, Eckhart, Stephen

In den Geschichten, die Richard, Tony, Nathan und Jeff über ihr Erwachen erzählen, wird mancher spiritueller Sucher nicht unbedingt erkennen, was er selbst in seinen Vorstellungen bisher mit „ Erleuchtung" verbunden hatte.

Noch weit weniger dürfte dies bei den folgenden, nicht minder authentischen Berichten der Fall sein.

*

Franziska verlor mit zehn Jahren ihre Mutter durch Krebs und litt danach an chronischer Angst. Im Alter von sechzehn Jahren erlebte sie eine Phase, in der sich dieser Zustand bis zur absoluten Panik steigerte:

Eines Nachmittags fühlte es sich an, als ob ich durch pechschwarze Dunkelheit rannte, verfolgt von allem und jedem, was einer Seele nur Schrecken einjagen kann, als sich plötzlich ein Abgrund vor mir auftat. Der Grund, auf dem ich lief, war plötzlich zu Ende und vor mir gähnende Leere. Der Schrecken steigerte sich ins Unermessliche, als ich zaudernd und innerlich bebend am Rande des grundlosen, bodenlosen Abgrunds stand.... Da sagte mir ein innerer Impuls, der sich wie eine laut rufende Stimme äußerte: „jump!" (die Stimme rief englisch, ich weiß nicht warum). Also sprang ich – eigentlich hatte ich ja sowieso keine Wahl.

Franziska wird ohnmächtig und kommt erst einige Stunden später wieder zur Besinnung. Sie realisiert, dass ihre Todesangst verschwunden ist – und zugleich ihr Ich!

Da war … keine Person mehr und rundum in allem, was ich sah, Leere. Ich sah die Dinge, ich hörte die Klänge und dennoch war alles entleert, substanzlos.

Und sie spürt, wie von dieser Leere unmittelbar eine neue, andersartige Angst ausgeht:

Unendlichkeit, Wüste, weite Unendlichkeit, erbarmungslose Leere. Es stellte sich als eine Erfahrung von untot dar, wie lebendig und doch tot. … Es war grauenvoll… Der Verstand reagierte auf diesen Zustand mit Entsetzen und tiefer Verwirrung.

*

In der Folgezeit bricht die junge Franziska zunächst mit ihrem Vater, beginnt eine Ausbildung zur Ärztin und macht sich in Esoterik und Spiritualität (unter anderen den Texten Oshos) auf die Suche. Und erst viele Jahre später, bei einer Satsang-Veranstaltung mit dem spirituellen Lehrer Samarpan , erlebt sie tatsächlich, was sie selbst „einen Moment der Wahrheit" nennt:

Mit einem Streich hatte Samarpan eine breite, tiefe Bresche in die dicken, soliden Mauern der Vorstellungen und Konstruktionen meines Verstandes geschlagen. Das war ein wahrer Akt der Gnade.… Und es war auch Gnade, dass ich ihm vertrauen konnte, denn nur dadurch war Hören möglich… Sofort war vollkommen klar, dass es Wahrheit war, was er gesagt hatte. Dies war eine intuitive Klarheit, ein intuitives Erkennen, das nichts mit Logik oder Denken zu tun hatte. Einfach hören – sehen – erkennen, ohne Zwischenschritte.

Im Rückblick erkennt Franziska in diesem Durchbruch ein „mystisches Geschehen, ... in dem sich die Reste des Egos, der Identifikationen auflösen..." und das verbunden ist mit dem „intuitiven Erkennen,... dass es dieses Ego, dieses ich, diese getrennte Person nie wirklich gegeben hat".

*

Franziska arbeitet in München als Ärztin in eigener Praxis. Unter ihrem angenommenen Namen Pyar hält sie regelmäßig Satsangs und Retreats und gehört seit Jahren zu den bekanntesten und beliebtesten spirituellen Lehrern im deutschsprachigen Raum.

*

Auch **Suzanne** Segals Autobiographie – in der Geschichte Nathans war bereits die Rede von ihr – handelt von einer schwierigen Kindheit und dem Aufbruch zu spiritueller Suche. Als Suzanne eines Tages an einer Haltestelle in Paris auf ihren Bus wartet, erlebt sie urplötzlich und völlig unvorbereitet, wie ihr Ich-Bewusstsein „explodiert":

Es war in der zehnten Woche meiner Schwangerschaft, und ich hatte zum ersten Mal eine schwache Bewegung meiner Tochter verspürt ... Es war Mai, und die Sonne strahlte warm in mein Gesicht, als ich an der Bushaltestelle auf der Avenue de la Grande Armée stand ... Sieben oder acht Leute warteten an der Haltestelle... Als ich mich in die Reihe stellte, fühlte ich plötzlich einen Druck auf meinen Ohren, so wie in einem Flugzeug ... beim Landen ... Ich fühlte mich völlig vom Geschehen um mich herum isoliert wie in einer Blase und konnte mich nur noch auf völlig mechanische Weise bewegen. Ich hob mein rechtes Bein, um in den Bus zu steigen und prallte mit voller Wucht auf eine unsichtbare Kraft, die wie eine Stange Dynamit lautlos in meinem Gewahrsein explodierte, die Türen meines normalen Bewusstseins aus den Angeln sprengend und mich in zwei Teile zerspaltend. Was ich bislang als „Ich" bezeichnet hatte, wurde mit Gewalt aus seinem üblichen Platz in mir gerissen und an einen neuen verlagert, ungefähr dreißig Zentimeter links hinter meinem Kopf. „Ich" befand mich nun hinter meinem Körper und betrachtete die Welt, ohne die Augen im Körper zu benutzen...

Sie reagiert mit einem heftigen Angstanfall. Die Idee, dass es sich um eine spirituelle Erfahrung gehandelt haben könnte, liegt ihr völlig fern. Denn

alle Vorstellungen, die ich von einer spirituellen Entwicklung hatte, basierten ausschließlich auf dem Gedanken von Glückseligkeit und Ekstase. Ich konnte mir einfach nicht vorstellen, dass ein echtes spirituelles Erlebnis so fürchterlich sein konnte wie der Zustand, in dem ich mich befand.

Es folgen zwölf Jahre, in denen Suzanne in der ständigen Angst lebt wahnsinnig zu sein oder zu werden, Und „Je verwirrter der Verstand wurde, desto mehr verstärkte sich die Angst". Zunächst versucht sie mit Hilfe verschiedener Psychotherapien ihre Ängste zu überwinden und Klarheit über ihren Zustand zu gewinnen, jedoch ohne Erfolg. Daraufhin beginnt sie spirituelle Literatur zu lesen. In der persönlichen Begegnung mit spirituellen Lehrern des Zen und des Advaita kommt sie schließlich zu der Erkenntnis, dass sie in der ganzen Zeit seit dem Kollaps ihres Bewusstseins deswegen nicht zur Ruhe kommen konnte, weil ihr Verstand „ganz einfach nur unfähig war, das Ausmaß der Erfahrung, ohne ein persönliches Selbst zu sein, zu erfassen".

Später, im Rückblick, verdichten sich ihre Erkenntnisse zu tiefer Einsicht:

Aus der Perspektive des Unendlichen ist es völlig offensichtlich, dass das individuelle Selbst überhaupt nicht existiert. Die Vorstellung, dass wir ein Selbst haben, welches die Dinge kontrolliert oder vermittelt oder der Handelnde hinter unseren Handlungen ist, ist absurd. Das individuelle Selbst ist nichts weiter als eine Vorstellung davon, wer wir sind. Vorstellungen sind Vorstellungen – und sonst nichts. Eine Vorstellung kann niemals der Handelnde oder der Schöpfer von irgendetwas sein; sie kann nur sein, was sie ist – eine Vorstellung.

Zwei Jahre nach dem Ende ihrer Leidensphase erscheint Suzannes Autobiographie unter dem Titel *„Kollision mit der Unendlichkeit“*. Bereits ein Jahr später stirbt sie frühzeitig, im Alter von erst zweiundvierzig Jahren, an Krebs.

*

Auch **Eckhart** Tolle beschreibt seine Kindheit und Jugend als „einen Zustand fast ununterbrochener Angstgefühle, unterbrochen von Phasen lebensmüder Depression“. Und auch er erlebt im jungen Erwachsenenalter, wie eines Tages sein gewohnter Bewusstseinszustand unter dramatischen Umständen von einem Moment zum anderen vollständig in sich zusammenbricht.

Eines Nachts ... erwachte ich in den frühen Morgenstunden mit einem Gefühl absoluten Grauens... intensiver als je zuvor ... Alles fühlte sich so fremd an, so feindselig und so absolut bedeutungslos, dass in mir ein tiefer Abscheu vor der Welt entstand. Und das Abscheulichste von allem war meine eigene Existenz. Welchen Sinn machte es, mit dieser Elendslast weiterzuleben? Warum diesen ständigen Kampf weiterführen? Ich konnte fühlen, dass die tiefe Sehnsucht nach Auflösung, nach Nicht-Existenz jetzt wesentlich stärker wurde als der instinktive Wille weiterzuleben.

„Ich kann mit mir selbst nicht weiterleben.“ Dieser Gedanke kreiste endlos in meinem Verstand. Plötzlich wurde mir bewusst, was für ein sonderbarer Gedanke das war. “Bin ich einer oder zwei? Wenn ich nicht mit mir selbst leben kann, dann muss es zwei von mir geben: das ‚Ich‘ und das ‚Selbst‘, mit dem ich nicht mehr leben kann“. „Vielleicht“, dachte ich, „ist nur eins von beiden wirklich.“

Ich war so fassungslos über diese seltsame Erkenntnis, dass mein Verstand anhielt. Ich war bei vollem Bewusstsein, aber es waren keine Gedanken mehr da. Dann fühlte ich mich in eine Art Energiewirbel hineingezogen. Zuerst war die Bewegung langsam, dann beschleunigte sie sich. Ich wurde von heftiger Angst ergriffen und mein Körper begann zu zittern. Wie aus dem Inneren meiner Brust hörte ich die Worte: „Wehre dich nicht!“. Ich fühlte, wie ich in eine Leere hineingesaugt wurde. Es fühlte sich an, als sei die Leere in meinem Inneren, nicht außen.

Plötzlich war keine Angst mehr da und ich ließ mich in diese Leere hineinfallen. Ich habe keine Erinnerung daran, was danach geschah …

Den darauf folgenden Tag erlebt Eckhart ganz anders als die beiden Frauen. Aus dem Schlaf vom Zwitschern eines Vogels geweckt, nimmt er einen von Angst und Gedanken völlig freien Bewusstseinszustand wahr, verbunden mit dem Gefühl „wohliger Helligkeit und grenzenloser Liebe". Und noch am gleichen Tag geht er ziellos durch die Straßen Londons, wo er gerade lebt, „voller Staunen über das Wunder des Lebens auf der Erde, so als wäre ich gerade erst in diese Welt hineingeboren".

Es folgen fünf Monate in einem Zustand „tiefen Friedens und tiefer Glückseligkeit" und danach eine fast zweijährige Phase ohne persönliche oder soziale Identität, „auf Parkbänken sitzend", aber in einem „Zustand intensivster Freude". Dass mit ihm etwas Außergewöhnliches geschehen ist, ist ihm wohl bewusst. Aber worum es sich dabei handelt, bleibt ihm zunächst völlig rätselhaft. Getrieben von dem Wunsch dies herauszufinden begibt er sich nun auf die Suche. Voller Eifer vertieft er sich in die Lektüre spiritueller Bücher. Und schließlich, nach persönlichen Begegnungen mit verschiedenen spirituellen Lehrern, gewinnt er Klarheit darüber, was in jener Nacht mit ihm geschehen war.

Bald danach schreibt Eckhart sein erstes Buch und beginnt, von seinem phänomenalen Erfolg als Autor ermutigt, in der Öffentlichkeit selbst als spiritueller Lehrer aufzutreten.

*

Eckhart Tolle lebt in Kanada und ist weltweit ein gefragter Vortragsredner. Auch sein zweites Buch, das die Rettung des Planeten Erde durch einen weltweiten Bewusstseinswandel zum Thema hat, findet international großen Zuspruch.

*

Wieder ganz anders hört sich die Erwachensgeschichte **Stephens** an.

Er erlebte, wie er berichtet, eine „außergewöhnlich glückliche Kindheit". Schon als Kind hatte er so etwas wie mystische Erlebnisse. Im Rückblick beschreibt er sie als momentanes Empfinden „als sei alles eins". Oder „als würde das Kind in mir vollkommen beiseite gedrängt und etwas Unendliches durch mich hindurchschauen… etwas Uraltes, das doch zugleich sehr jung und unschuldig wirkte".

Derartige Bewusstseinszustände dauern bei ihm meist ein bis drei Tage und ereignen sich zwischen drei und fünfmal im Jahr. Im Rückblick sieht er darin, wie er später in einem Interview sagt, einen „ Vorgeschmack des Erwachens".

Mit etwa neunzehn Jahren fällt Stephen ein Zen-Buch in die Hand und seine spirituelle Suche beginnt. Er beschäftigt sich mit Astralreisen und entdeckt die Meditation für sich, die ihn völlig fasziniert. Bereits nach wenigen Wochen meditativer Praxis

geschah es, dass ich eines Morgens ‚erwachte' und mir darüber klar war, dass das Leben, das ich meins genannt hatte, nicht mehr meins war. Ich wusste einfach: ‚Dieses Leben ist nicht meins' – und das hatte etwas mit Erleuchtung zu tun. Wie es auch weitergehen und wohin es mich auch führen mochte, ich hatte keine Wahl mehr…dieser Augenblick war der Wendepunkt in meinem Leben. … Es war keine Entscheidung von mir.

Stephen versucht es auf dem College mit der Psychologie, dann der Soziologie und schließlich mit dem Fachgebiet Östliche Religionen, bricht aber sein Studium nach wenigen Jahren komplett ab. Er arbeitet in Fahrradläden und widmet sich ganz seiner Suche nach ‚Erleuchtung'. Seine Zen-Lehrerin ermutigt ihn zu längeren Retreats in verschiedenen Zen-Zentren anderer Lehrer. Und um spirituell rasch voranzukommen setzt er alles daran dabei besser zu sein als die anderen. Doch damit stößt er bald an seine psychischen Grenzen und fürchtet verrückt zu werden.

Eines Tages sitzt er in seinem Zimmer und wird plötzlich von einer Energiewelle überflutet, die ihn antreibt sofort herauszufinden, „was wahr ist". Im Rückblick beschreibt er die Situation so:

Ich ging … in meinen Zendo [Meditationsraum], setzte mich zum Meditieren und strengte mich unglaublich an, um mein Denken zu beruhigen und einen Durchbruch zu erreichen … Innerhalb einer Minute war es so, als würden sich sämtliche Bemühungen der letzten fünf Jahre auf etwa eine Minute konzentrieren. Da wurde mir plötzlich klar: Ich kann das nicht … Und sobald ich sagte 'Ich kann das nicht', spürte ich, wie sich alles entspannte. Und … [da] gab es – anders kann ich es nicht beschreiben – eine innere Explosion … und ich dachte, ich müsste sterben … Und mein nächster Gedanke war, na schön, wenn das nötig ist, um herauszufinden, was wahr ist, dann bin ich bereit jetzt zu sterben … Und sobald ich mir das sagte, in aller Aufrichtigkeit, verflüchtigte sich die Energie.

Plötzlich war ich draußen im Raum … ich wurde einfach selbst zum Raum. Es gab nur noch Raum. Unendlichen Raum. Und in dem Raum konnte ich so etwas fühlen, als würden Einsichten heruntergeladen, aber das ging so schnell, dass ich nicht feststellen konnte, worum es sich handelte.

Daraufhin muss Stephen so ausgelassen lachen wie noch nie zuvor in seinem Leben. Denn in diesem Augenblick (er nennt ihn später sein „erstes Erwachen") erkennt er, „da bin ich doch tatsächlich dem hinterher gejagt, was ich längst bin". Doch unmittelbar darauf, „mitten in dieser ungeheuren Bewusstwerdung voller Glückseligkeit, Freude und Erlösung" meldet sich in ihm eine innere Stimme, die ihm zuraunt „Das war's aber noch nicht. Es gibt mehr zu erfahren … Du hast zwar einen bedeutenden Teil erlebt, aber du solltest weitergehen. Bleib nicht hier stehen ". In diesem Moment bricht Stephens Suchen in sich zusammen,

... es ergab einfach keinen Sinn mehr sich abzurackern, um etwas zu erlangen, was ich längst hatte, oder etwas zu werden, was ich längst war"

Rückblickend sieht er darin ein weiteres, allerdings immer noch unvollständiges Erwachen.

Ich wusste: Ich bin, was ich suche. Ich bin diese Wahrheit...Aber ich weiß nicht, was das ist. Das war der Teil, den ich nicht wusste.

In der Folgezeit praktiziert Stephen weiter Meditation. „Aber das meiste, was sich spirituell tat, fand nicht auf dem Sitzkissen statt". Er trainiert so intensiv wie nie zuvor seinen Radrennsport und kann damit auch nicht aufhören, als ihm klar wird, dass er damit an alten Selbstbildern festhält. Urplötzlich erkrankt er an einer nicht diagnostizierbaren Krankheit und ist sechs Monate so schwach, dass er das Bett nicht verlassen kann. Doch empfindet er es als eine wunderbare Erleichterung, dass sein Körper auf diese Weise „endlich den Sportler abgelegt hatte...Es tat unendlich gut, von dieser Persona befreit zu sein".

Nach seiner Genesung beginnt er jedoch wie zwanghaft aufs Neue mit seinem Intensivtraining. Er wird erneut krank, wieder für sechs Monate, diesmal allerdings noch schwerer.

...das räumte endlich mit dem Selbstbild auf. Sobald ich die Persona durch die Krankheit los war, war auch das Verlangen sie wieder hochzupäppeln nicht mehr da. Das ist in meinen Augen spirituelle Entfaltung. Da wird man sein Selbstbild nicht beim Meditieren los...sondern sozusagen auf die harte Tour. Eine höhere Intelligenz übernimmt die Leitung und führt jeden von uns durch das hindurch, was erforderlich ist, um uns zum Loslassen zu bewegen.

Nun ist er auch in der Lage seine bisherige Beziehung zu beenden, denn er durchschaut, wie dadurch typische persönliche Identifikationen („ungelöste

Schattenseiten“) wie „der nette Kerl“ und „der Helfer“, die er inzwischen als „falsch und unecht“ durchschaut hat, in ihm am Leben gehalten worden waren. Jetzt kann er sich von diesen Identifikationen lösen und fühlt sich frei.

Der Wunsch, in einer bestimmten Weise gesehen zu werden, war mir aus Körper und Geist ausgetrieben worden. Und das war weder leicht gewesen noch lustig, aber das Endergebnis war schlichtweg fantastisch. Rückblickend kann ich wohl sagen, dass es mich auf das vorbereitete, was ich mein „endgültiges Erwachen“ nennen würde.

*

Ein paar Monate später geht Stephen eine neue Beziehung ein. Obwohl er diese als besser erlebt als alles, was er sich „in seinen kühnsten Träumen hätte ausmalen können“, findet er in ihr doch nicht die ersehnte Zufriedenheit und muss sich eingestehen: „Sie hat mich nicht an den Punkt in meinem Innern geführt, wohin es mich immer gezogen hat“

Diese Erkenntnis trifft ihn wie ein Schock. Und beim Zwitschern eines Vogels vor seinem Fenster formt sich in ihm eine Frage, die er „noch nie gehört hatte und beim Üben noch nie gestellt hatte“, die Frage: “Wer hört diesen Ton?“

Was dann geschieht, beschreibt er so:

… sobald sich diese Frage stellte, stand alles Kopf bzw. fiel an seinen Platz. In dem Augenblick waren Vogel, Ton und Hören eins … Es geschah urplötzlich, es ging sehr schnell und alles war eins.

Stephen steht in seinem Wohnzimmer, ganz ohne Gedanken und völlig emotionslos. Allmählich kehrt sein Bewusstsein zurück. Er sieht eine Kette von Bildern und „weiß“ intuitiv, dass er an diese Bilder gefesselt gewesen war.

Ich hatte gedacht, das wäre ich. Ich hatte in den Bildern geschlafen, und es war vollkommen klar, dass dies jetzt davon getrennt war... Da war nur noch diese Erwachtheit, einzig sie selbst. Keine Form, keine Gestalt, keine Farbe, kein Nichts. Nicht irgendwo, sondern überall. Und in dem Augenblick war ein Wissen da, dass diese Erwachtheit alles war...

Stephen beginnt durch das Zimmer zu gehen und seine Schritte kommen ihm vor als seien sie die ersten in seinem Leben:

ich schaute ... auf meine Füße und ging immerfort im Kreis herum, weil es solch ein Wunder war – das Gefühl des Fußes auf dem Boden, das Gehen und das Gefühl, dass es ein Wunder ist die Füße auf den Boden zu stellen, ein absolutes Wunder. Und jeder Schritt war der erste. Alles war neu, und alles weckte ein Gefühl von Nähe, von Staunen und Dankbarkeit ... Es war, als sei alles gut ... denn alles war dieses Eine ... Und es ist wirklich ein Witz – da geht man an Gottes Hand und sucht nach Gott ...

Jetzt, nach all den „Vorahnungen" und schmerzhaften „Zwischenschritten" vorausgegangener Jahre, erlebt sich Stephen als „endgültig" erwacht:

Es war nichts mehr da, was gesucht werden musste; es war keine Frage mehr da, die eine spirituelle Antwort erfordert hätte ... Die Reise, auf die ich mich begeben hatte, war offensichtlich und eindeutig beendet. Sie war vorbei.

*

Unter seinem angenommenen Namen Adyashanti lebt Stephen in der Nähe von San Francisco. Er hält Satsangs und Retreats in Kalifornien und anderen Staaten der USA.

2. Wie das Ich entsteht

Im Leben des Kindes … scheint zu einem bestimmten Zeitpunkt die Bewusstheit zu gerinnen und sich auf einen umschriebenen Raum zusammenzuziehen; es entsteht etwas Festes, von allem Übrigen Getrenntes. Dadurch bildet sich das Gefühl eines Ichs mit all seinen Hoffnungen und Ängsten und Lieben und lästigen Pflichten. Die Gedanken, Gefühle und Sinnesempfindungen, die sich in Wirklichkeit einfach in der Bewusstheit einstellen, werden jetzt jemandes Eigentum, sie werden als etwas empfunden, das zu „mir" gehört. Damit beginnt das Drama des Personseins.
[Richard Sylvester]

Schenken wir solchen Geschichten, die vom Erwachen handeln, Glauben, dann kann das, was wir unser „Ich" nennen, sich von einem Augenblick auf den anderen verflüchtigen. Doch wenn etwas verschwinden kann, dann muss es zuvor auch irgendwann entstanden sein. Und daraus ergibt sich ganz logisch die Frage: Wann und wie entsteht eigentlich das menschliche Ich?

*

Sowohl die Entwicklungspsychologie als auch die Bewusstseinsforschung erklären uns, dass der Mensch bei seiner Geburt noch kein „Ich" hat. Das Neugeborene lebt vielmehr in einer end- und grenzenlosen Bewusstheit, ohne Unterscheidung zwischen Subjekt und Objekt und ohne ein Gefühl von Zeit und Raum. Ohne zu „denken" oder zu „handeln" folgt es intuitiv seinen Ur-Bedürfnissen nach Wärme, Nahrung und Zuwendung.

Es lebt noch in einem ganzheitlichen Bewusstsein, aus dem es sich erst langsam löst. Es ist noch getragen und gespeist aus der Tiefe des Seins und in einer dauernden Verwandlung begriffen, an der es selbst noch keinen bewussten Anteil hat; denn das Leben vollzieht sich noch an ihm. Es ist noch inbegriffen im Großen Ganzen.
[Karlfried Graf Dürckheim][1]

Erst vom zweiten Lebensmonat an beginnt das Kleinkind zunächst körperlich, dann auch in seiner Vorstellungswelt sich selbst und die Mutter als unterschieden wahrzunehmen. Sein Bewusstsein ist dabei noch ganz auf die unmittelbare Gegenwart bezogen. In den darauf folgenden Monaten entwickelt es dann zunehmend die Fähigkeit sich auch an Vergangenes zu erinnern und sich Zukünftiges vorzustellen. Dementsprechend differenzierter werden seine Gefühlswelt und damit auch sein Verhalten.

Doch erst im dritten Lebensjahr, wenn es lernt sich zu artikulieren und auf Personen und Gegenstände zu deuten und sie zu benennen, beginnt das Kind sich als etwas Eigenes und vom Umfeld Getrenntes zu begreifen.[2] Nun vermag es auch seinen eigenen Namen wiederzuerkennen und identifiziert sich mit ihm. Mehr und mehr entdeckt es die Wirkung des Begriffes „mein“ und beginnt seine Möglichkeiten zu erproben, den eigenen Willen auch gegen Widerstände durchzusetzen. Was ursprünglich als Ganzheit/Ureinheit erlebt worden war entwickelt sich zunehmend zu einem komplizierten Beziehungssystem zwischen einem ICH und einer von diesem getrennten „Wirklichkeit“, die ihren eigenen Gesetzen gehorcht.

Sobald diese Urgrenze, … diese Spaltung zwischen dem Sehenden und dem Gesehenen, dem Wissenden und dem Gewussten, dem Subjekt und Objekt, erscheint, folgt eine Kette von unvermeidlichen Konsequenzen. Eine Unzahl von anderen Grenzen ergibt sich, von denen jede auf ihrer Vorgängerin aufgebaut ist; … und der Mensch wird verwirrt, erstaunt und bezaubert, zerstreut und verwickelt, und er liebt und hasst sein Universum der Gegensätze.
[Ken Wilber]

*

Wächst das Kind weiter heran, sieht es sich immer stärker dieser „ äußeren Welt“ gegenüber, die es fasziniert, aber zugleich auch verunsichert und ängstigt. Manchmal erlebt es sich als mächtig, wenn es ihm gelingt Gegenstände zu manipulieren und das Verhalten anderer zu beeinflussen. Manchmal als ohnmächtig, wenn es nicht fassbaren Phänomenen ausgesetzt ist und sich nicht dagegen wehren kann. Schmerzhafte Erfahrungen der Entbehrung und des Mangels bleiben ihm in der Regel nicht erspart, denn seine nun rasch wachsenden eigenen Bedürfnisse können nur zum Teil oder nur vorübergehend befriedigt werden. Das kindliche Bewusstsein reagiert darauf, indem es alles daran setzt Situationen herbeizuführen, die ihm wohlige Gefühle versprechen, und solche zu vermeiden, die – wie es aus vorausgegangenen Erfahrungen „weiß" – unangenehme Gefühle verursachen.

Ein langer, komplexer Wachstums- und Anpassungsprozesses nimmt seinen Lauf, in dem sich mit der Zeit je nach genetischer Veranlagung und sozialer Prägung ein einzigartiges Muster von Denk- und Verhaltensweisen herausbildet und festigt. Die soziale Umwelt nennt dieses Gebilde „Persönlichkeit" und sieht darin ein erwünschtes Wachstum oder, je nach Betrachtungsweise, ein Defizit an praktischen, zur Lebensbewältigung als unverzichtbar geltenden Fähigkeiten. In seiner Abhängigkeit und andauernden Verletzlichkeit bleibt – trotz aller Widerstände – dem Heranwachsenden letztlich kaum eine andere Wahl als sich dieser Sicht anzupassen. Ein Prozess der Identifizierung setzt ein („So bin ich eben").

Ich geriet in die Welt von Zeit und Raum, von Begrenzung und Erkundung, von Anstrengung, Manipulation, dem Streben nach Glück und der Vermeidung von Schmerz. Die Erfahrungen wurden zu meinem Eigentum, und ich glaubte, dass sie zu meinem natürlichen Sein gehörten.
[Tony Parsons]

*

So tritt an die Stelle der ursprünglichen, grenzenlosen Bewusstheit der Kleinkindphase ein eingegrenztes, fremdbestimmtes und verarmtes

Ich-Bewusstsein. Und in diesem wird nun alles reflektiert, was wir über unsere Sinne wahrnehmen. Dass dieses ‚Ich' nicht von Anfang an da war, sondern in uns im frühen Kindesalter entstanden ist, hat der Mensch „vergessen".

Und so lebt er in einer nicht-realen Welt aus Gedanken und Vorstellungen und hält diese für die einzige Wirklichkeit.

Du bist ständig in einer Welt von Überlegungen, Erinnerungen, Konzepten, Vorstellungen, von Meinen und Glauben … Du bist nicht hier. Nicht Jetzt. Was du erfährst ist nie der gegenwärtige Moment. Sondern die Welt deiner Vorstellung. Es ist nicht die Wirklichkeit. Doch du hältst sie für real. Fast alle Menschen sind so in einer Illusion gefangen. Das ist der einzige Grund für das Leiden. Es gibt keinen anderen.
[Tony Parsons]

*

Und spricht jemand wie Tony dies auf so direkte Art aus, sind wir konsterniert. Denn dann stellt sich für uns die beunruhigende Frage: Wer oder was bin „Ich" dann?

3. Wenn das Ich zurückkehrt

... wenn das ‚Ich' nicht als das gesehen wird, was es ist – nämlich einfach ein Gedanke – dann fühlt sich die Rückkehr dieses ‚Ichs' wie ein Verlust an, so als ob man wieder in der Identifikation mit einem Charakter eingeschlossen wäre. Als der identifizierte Charakter erlebt man das Verlangen nach mehr von dieser „Erleuchtung", und man hat das Gefühl, zurückgekehrt zu sein in die Unruhe und Spannung des Such-Spiels.

[Nathan Gill]

*

Bei den allermeisten Menschen setzt sich das Phänomen der Ich-Identifizierung im Bewusstsein fest und verlöscht erst mit dem physischen Tod. Nur bei extrem wenigen scheint es bereits zu Lebzeiten ganz und für immer zu verschwinden. Häufiger sind Fälle, in denen das Ich verschwindet, aber wieder auftaucht. Bei den Betroffenen entsteht dadurch Verunsicherung, in manchen Fällen Verwirrung und Angst.

*

Richard reagiert auf die überraschende Rückkehr seines Ichs zunächst mit Ratlosigkeit und einer gewissen Enttäuschung.

Es schaltete sich auch der Verstand wieder ein, und es kam zu Fehldeutungen dessen, was passiert war. Es kam zu der Annahme, dass der Augenblick des Sehens schon das Ganze war und ich es irgendwie nicht wieder herzaubern und zu etwas Dauerhaftem machen konnte. Es blieb für mich unmöglich zu erkennen, dass es eben noch unvollständig war. Ich hatte einen ziemlich regen Verstand, der sich allerlei tolle Gedanken über das, was weiterhin passieren würde, ausdachte.

Dann folgt eine Periode des Leidens und der Hoffnungslosigkeit.

Die Person setzt sich wieder durch, manchmal sehr entschieden, fällt weg, kommt zurück und so weiter... Eine Zeitlang herrscht Wüste, ein Zustand, in dem sich all die alten Schmerzen mit voller Wucht zurückmelden, aber die bewährten Trostmittel und Bewältigungsstrategien nicht mehr greifen, sinnlos geworden sind...Eigentlich ist nun alles schlimmer statt besser. Früher gab es wenigstens Hoffnung.

Erst etwa ein Jahr später, bei dem Erlebnis im Textilgeschäft, kommt es bei ihm zum endgültigen Erwachen.

Wieder verschwindet die Person vollständig, und jetzt ist klar zu sehen, dass überall Bewusstheit ist: Alles ist Bewusstheit. Dieses so deutlich empfundene Ich, das einen Ort in Raum und Zeit zu haben glaubt, erweist sich als bloße Erscheinung. Es gibt keine Orte, kein Hier oder Da. Es gibt nur das Eine, das als all dies erscheint, und das ist es, was „ich" in Wahrheit bin.

*

Bei Suzanne und Pyar dauert es dagegen viele bittere Jahren, bis sie die Ursache für ihren Angst- und Verwirrungszustand erkennen. Und erst dann – und nachdem sie die Hilfe und Unterstützung durch andere erfahren haben – fühlen sie sich befreit.

Der Verstand, so erinnert sich Suzanne,

wusste einfach nicht, was er damit anfangen sollte, und er suchte ständig nach einem Sinn und einem Verständnis der Ereignisse. Es dauerte fast elf Jahre, um letztendlich zu akzeptieren, dass der Verstand ganz einfach nur unfähig war, das Ausmaß der Erfahrung, ohne ein persönliches Selbst zu sein, zu erfassen.

Und Pyar schreibt rückblickend:

Jetzt sehe ich …, dass die Verwirrung und der Kampf entstanden, … weil der Verstand diese Erfahrung ablehnte und darauf beharrte, dass da ein definiertes, abgegrenztes Ich existieren müsse.

Aus ihrer eigenen Erfahrung kommt sie zu dem Schluss, wahre Befreiung könne erst dann geschehen, wenn das Verschwinden des Ich und die Erkenntnis über die Bedeutung dieses Geschehens zusammenkommen:

… denn wenn der Verstand erkennt, dass er nicht wissen kann, das Ich aber bestehen bleibt, so bleibt die Illusion von Trennung, bleiben die Welt und der Traum, der Schlaf geht weiter. Wenn das Ego [Ich] stirbt, aber keine Erkenntnis einsetzt, der Verstand in Ablehnung verharrt, folgen Verwirrung und Angst und die Tendenz des Geistes, sich wieder mit einer Ich-Vorstellung zu identifizieren.

*

Wieder anders hört sich Eckharts Geschichte an. Er lebt nach seinem Erwachenserlebnis zunächst „fünf Monate lang ununterbrochen in einem Zustand tiefen Friedens und tiefer Glückseligkeit".

Dann beginnt er spirituelle Texte zu lesen. Und einige Jahre später, nach Begegnungen mit spirituellen Lehrern, erkennt er eines Tages mit „unbeschreiblicher Glückseligkeit und Heiligkeit", was damals mit ihm geschehen ist. Und obwohl sich dieser Zustand in der Folgezeit wieder verliert, bleibt ihm, wie er schreibt, doch dauerhaft ein „tiefer Unterton von Frieden". Als dann Menschen, die in ihm einen weisen Lehrer sehen, von ihm lernen wollen, fühlt Eckhart sich bemüßigt darauf einzugehen – und entdeckt dabei zu seiner Überraschung an sich selbst eine neue Identität:

Dann kamen Leute gelegentlich auf mich zu und sagten: „Ich möchte haben, was du hast. Kannst du es mir geben oder mir zeigen, wie man es bekommt?“ ... Bevor ich mich versah, hatte ich wieder eine äußere Identität. Ich war zu einem spirituellen Lehrer geworden.[3]

*

Eine „Re-Identifikation“ bei Menschen, die ein Erwachenserlebnis hatten, scheint jedenfalls nichts Außergewöhnliches zu sein. Tony hält es für ganz normal, dass auf ein Verschwinden des Ichs meist eine gewisse Übergangsphase („Period of Intergration“) folgt.

Auf einer subtilen Ebene ist da immer noch eine Person, geschieht immer noch Suche, ist immer noch Wissen-Wollen, was passiert ist. Die Person kommt zurück und will das, was gerade passiert ist, „verstehen“. Es ergibt sich also eine Periode der Integration, in der die Person von dem Geschehenen Besitz ergreifen will. Manche Leute verbringen damit ihr ganzes restliches Leben.

Dabei steht bei den einen, darunter Nathan, die Sehnsucht im Vordergrund wieder zum Ich-losen Zustand zurückzufinden:

Das plötzliche Verschwinden des „Ichs“ ... ist sehr fesselnd. Daher wird, wenn das „Ich“ zurückkommt, nach mehr davon gesucht, und der Wunsch taucht auf, zur Abwesenheit des „Ichs“ zurückzukehren.

Bei anderen dagegen kommt es zur Illusion bereits „erleuchtet“ zu sein.

4. Eingebildete Erleuchtung

Selbstverständlich können wir nie endgültig entscheiden, ob jemand wirklich „erleuchtet“ … sei, oder ob er es sich bloß einbildet… Der, welcher eine Erleuchtung hat oder zu haben vorgibt, meint auf alle Fälle, erleuchtet zu sein.
[C.G. Jung][4]

Von einer eingebildeten Erleuchtung lässt sich sprechen, wenn das Ich nach vorübergehendem Verschwinden ins Bewusstsein zurückkehrt, dieses außergewöhnliche Phänomen als „Erleuchtungserfahrung“ interpretiert, für sich reklamiert und fortan in der Vorstellung lebt „erleuchtet“ zu sein.

Wenn die Person wieder da ist, fühlt sie sich vielleicht bemüßigt, um dieses Ereignis herum eine Fantasiegeschichte zu spinnen und es als „mein“ auszugeben. Gerade wenn die Person vor ihrem Verschwinden einen spirituellen Weg gegangen ist oder ausgiebig Umgang mit Gurus hatte, wartet sie nach dem Verschwinden, wenn sie wieder auftaucht, gern mit Geschichten über ihre spirituelle Entwicklung auf. Das Ereignis wird dann mit spirituellen Bemühungen in Verbindung gebracht und ist „etwas, das ich erreicht habe“.
[Richard Sylvester]

Darin könnte auch die Erklärung dafür liegen, weshalb sich in den vergangenen zwei Jahrzehnten – einschlägigen Auflistungen zufolge – die Zahl westlicher Satsang-Lehrer so erstaunlich vermehrt hat. Pyar jedenfalls ist gewiss nicht die Einzige, die sich fragt: „Wo kommen plötzlich all diese spirituellen Lehrer her, all die Erwachten und Erleuchteten?“

Und hat dazu ihre eigene Antwort:

Ich würde sagen, teilweise können sie einfach nicht erkennen, wo sie in Wirklichkeit stehen, teilweise stecken sie selbst in einem Missverständnis. Es gibt

Menschen, die ein kurzes Aufblitzen von Wahrheit hatten … und dann dachten: Das war es jetzt. Sicher gibt es welche, die ein … authentisches Erwachenserlebnis hatten, dann aber aus dieser Bewusstheit wieder herausfielen. Doch sie glauben, sie könnten das jetzt weitergeben, sind aber einfach noch nicht so weit.

*

Gewiss sind nur die allerwenigsten darunter so radikal ehrlich mit sich und anderen, dass sie ihren Zustand immer wieder selbstkritisch hinterfragen, ihre Selbstzweifel öffentlich machen und dann auch noch bereit sind die bitteren Konsequenzen zu tragen. Eine solche Ausnahmeerscheinung ist **Rani**.

Ranis autobiographischer Bericht[5] beginnt mit ihrer Lebensphase in Indien, die sie „das erfolgreiche Leben eines Neo-Sannyasins" nennt: Sie ist respektiertes Mitglied eines Ashrams, wird als Therapeutin anerkannt, erfreut sich einer harmonischen Beziehung, lebt in einem schönen Haus in ländlicher Umgebung und genießt ihre tägliche Meditation. Trotz alledem kommt sie nicht umhin sich einzugestehen, dass dieses Leben fragwürdig und zerbrechlich ist. Sie fühlt, dass sich hinter dieser Fassade in Wirklichkeit innere Strategien verbergen, die ihre eigenen, tief sitzenden Unsicherheiten und Schmerzen verdrängen sollen.

Als der plötzliche Bruch ihrer Beziehung die Idylle tatsächlich beendet, flüchtet sich Rani in Intensiv-Meditationen. Sie redet sich ein, sie sei bereits erleuchtet und ihr Ego könne ihr deshalb nichts anhaben. Als sie in diesem Glauben durch eine Freundin bestätigt wird, geht es ihr wieder besser und sie erlebt sogar „Höhenflüge". In dieser Zeit beginnt sie Satsang zu geben und hat erstaunlichen Erfolg damit: „Ich wurde geliebt und verehrt" schreibt sie. „Endlich fühlte ich mich dieser Liebe auch wert … Endlich hatte es diese Person, die so oft gedemütigt worden war (ich) geschafft und war jemand". Den wachsenden Zulauf zu ihren Veranstaltungen sieht Rani als Beweis dafür, „dass alles richtig war". Doch verdrängt sie damit nur weiter ihre zugrundeliegende Unsicherheit.

Später schreibt sie rückblickend über die damalige Situation:

Man fühlt sich, als hätte man das Leiden transzendiert, welches die ganze Zeit über das Motiv für die Suche gewesen war. Dann zu realisieren, dass dies nicht wahr ist, ist keine leichte Sache .... Denn „ die ganze Zeit über dehnte sich mein Ego...aus...Es wurde mehr und mehr durchsichtig, schlau und spirituell; es sagte sich, es sei niemand und auch gar nicht da! Es hat es sehr gut geschafft, sogar sich selbst zu betrügen.

Währenddessen verbreitet sich ihr Ruf als Satsang-Lehrerin auch in Europa und Nordamerika. „Im Glauben, etwas sehr Gutes für die Menschheit zu tun" ist sie bald in rastloser Reise- und Vortragsaktivität unterwegs. Doch nach knapp zwei Jahren erlebt sie urplötzlich einen Zusammenbruch. Auf die nun unumgängliche Zwangspause reagiert sie mit der Frage: „Wer wird mich jetzt noch lieben?"

Dies war der Anfang des Falls. Ehrlich wie ich war, teilte ich all dies mit meinen Studenten im Satsang und zeigte ihnen, wie viel Ego diesen Erwachungsprozess noch immer begleitet. Ich teilte meinen Schmerz und meine Irrtümer und war überrascht, dass nicht viele die Wahrheit hören wollten, wenn diese nicht glückselig klang.

Rani geht eine neue Beziehung ein, die allerdings bald wieder endet. Da sie nun verstärkt unter „alten Schmerzen aus der Kindheit und gegenwärtiger Einsamkeit" leidet, setzt sie ein Jahr lang all ihre Lehrtätigkeit aus. Ihre alten Freunden meiden sie inzwischen, aber in der Neo-Satsang-Community fühlt sich zunächst noch gut aufgenommen. Doch bald will auch diese von ihr nichts mehr wissen. Nun ist sie endlich bereit „den Schmerz willkommen zu heißen und ohne weitere Manipulation zu fühlen".

Als bald danach ihre beste Freundin an Krebs stirbt, wird sie erneut von Schmerz und Hilflosigkeit überwältigt:

Mein Mitteilen wurde nun noch ehrlicher. Ich gab weder etwas vor, noch bot ich Wunder oder Abkürzungen an. Natürlich kamen die Leute weniger und weniger. Langsam sah ich, dass nur eine handvoll ernsthafter Sucher übrig geblieben war, denen ich nicht mehr anzubieten hatte als meine Freundschaft und begrenzte Weisheit und Erfahrung.

Schließlich erkennt Rani, dass sie dringend Unterstützung braucht und findet sie in einem Zen-Lehrer. Als dieser ihr rät ihre Lehrtätigkeit einzustellen, will sie davon aus Angst ihre einzige Einnahmequelle zu verlieren aber nichts wissen. Sie erkennt in ihrem Verhalten zwar einerseits eine Art Korruption („letztlich tun wir alles, was wir tun, für uns selbst"), redet sich aber weiterhin ein, ihre Anziehungskraft als spirituelle Lehrerin sei noch nicht vorbei. Und als immer weniger Schüler in ihr Satsang kommen, gibt sie deren mangelnder Motivation die Schuld.

Aber schließlich gibt Rani auf und kehrt, nach sechzehn Jahren Indien-Aufenthalt und finanziell am Ende, in ihre Heimat zurück.

Nun brach ich wirklich zusammen ... Nun kam das Super-Ego zurück und rächte sich. Die Selbstbestrafung und die Selbstvorwürfe kehrten zurück mit der Kraft eines Tornados.

Der drohenden Depression versucht sie mit Meditieren und Beten zu begegnen. „Ich war in der Hölle und realisierte, dass die Heilung genau hier stattfinden musste". Sie nimmt einen Putzjob an und träumt von einem Wunder „Das Ego wollte sich einfach nicht von den wunderbaren Zeiten verabschieden". Sie spielt mit Suizidgedanken und sieht ein, dass sie dringend auf Hilfe angewiesen ist. In dieser Zeit fällt ihr das Buch „Auf halbem Weg zum Gipfel der Erleuchtung"[6] in die Hände. Im Rückblick schreibt sie:

Dieses Buch gab mir alles, was mir zum Verständnis fehlte. Denn es handelte von mir. Ich las bis in Einzelheiten meine Geschichte. Hier begegnete ich jeder

Falle, in die ich getappt war … Ich lernte, dass Desillusionierung nicht nur notwendig ist auf dem Weg, sondern auch ein wahres Geschenk der Gnade Gottes … Der Fall aus dem Paradies scheint in Wahrheit eine wesentlicher Bestandteil des Erleuchtungsprozesses zu sein … Wir sind geschockt, wenn uns bewusst wird, dass der Weg, auf dem wir sind, überhaupt nicht das ist, was wir dachten. Realität ist etwas völlig anderes als alle Vorstellungen, die wir uns davongemacht haben.

*

Einiges deutet heute darauf hin, dass auch in Bezug auf **Andrew Cohen**, den langjährigen „Star" der amerikanischen Spiri-Szene, von einem Phänomen eingebildeter Erleuchtung gesprochen werden kann. Dass sich die äußeren Umstände so deutlich von denjenigen in Ranis Fall unterscheiden, ist wohl in erster Linie auf die unterschiedlichen Persönlichkeitsmerkmale beider zurück zu führen.

*

Mit seinem innovativen Konzept der „Evolutionären Erleuchtung", das die Sehnsucht vieler Sinnsucher nach Erleuchtung mit ihrer Wunschvorstellung nach Rettung der Menschheit durch kollektiven Bewusstseinswandel verbindet, hatte sich Cohen schon frühzeitig deutlich von allen übrigen spirituellen Lehren abgesetzt und den Anspruch erhoben allein den für die Jetztzeit („Post-Postmoderne") adäquaten Erleuchtungsweg zu bieten.

In Cohens eigenwilliger Interpretation ist „Enlightenment" nicht in erster Linie eine persönliche Angelegenheit des Einzelnen, sondern ein gesellschaftlicher Prozess. Ziel dieses Prozesses sei es einen neuen kulturellen „Kontext" herzustellen, der es der Menschheit erlaube zur nächsten, höheren Bewusstseinsstufe voranzuschreiten. Da der „ Kontext" vom jeweiligen Bewusstseinsstand des Einzelnen und seiner Kultur abhänge und die Masse der Menschen sich noch auf einer unterentwickelten Bewusstseinsstufe befinde, müsse deshalb eine kleine, im Bewusstsein fortgeschrittene Avantgarde diesen Prozess vorantreiben. Diese so genannten "Evolutionäre" müssten zu „totaler Teilnahme, Hingabe, Unterwerfung und bedingungslosem Engagement" bereit sein: nicht im Interesse ihrer eigenen Entwicklung, sondern zur Erfüllung der „moralischen Pflicht", durch die Arbeit an ihrem Erwachen (unter der strengen Anleitung und Aufsicht „ihres" Gurus) die Menschheit in einer Art zweiten „Aufklärung" zu ihrer nächst-höheren Evolutionsstufe zu führen[7].

Obwohl schon bald nach Beginn seiner Lehrtätigkeit die ersten Berichte über autoritäres Führungsverhalten und missbräuchlichen Umgang mit Schülern, die seinen hohen Erwartungen nicht entsprachen, zirkulierten (unter anderen von seiner eigenen Mutter) hat sich Cohen fast drei Jahrzehnte lang als herausragenden westlichen „Guru" , „kulturellen Visionär" und „Revolutionär des menschlichen Bewusstseins" feiern und hofieren lassen.

Mit seiner im Frühsommer 2013 öffentlich gemachten Entschuldigung („Apology") ist nunmehr hinter dieser Aura der Grandiosität ein ernüchterndes Stück Realität erkennbar geworden.

In dem kurzen, betont öffentlichkeitswirksam formulierten Text erklärt Cohen seinen Rücktritt von seinen beiden Funktionen als oberster Lehrer und Führungsfigur seines weltweiten Netzwerks. Er bekennt, die ganze Zeit über nicht erkannt zu haben, dass er selbst ungeachtet „der Tiefe seines Erwachens" von einem unverändert starken Ego angetrieben worden sei, dass seine engsten Mitarbeiter ihn seit langem vergebens auf diesen Widerspruch zu seiner Lehre und eigenen Praxis hingewiesen hätten und dass er jetzt mit diesem Rückzug die notwendige Konsequenz daraus ziehe. Er sei sich bewusst, dass viele seiner Schüler durch seinen „persönlichen Mangel an Einsicht" in Mitleidenschaft gezogen worden seien und entschuldige sich hiermit dafür. In der bevorstehenden „Auszeit" wolle er sich darum bemühen „ein besserer Lehrer" zu werden, vor allem aber auch „ein besserer Mensch"[8].

Ob mit diesem öffentlichen Schuldbekenntnis der Schaden für Cohens Ansehen in Grenzen gehalten oder gar wieder gutgemacht werden kann, darf bezweifelt werden. Zunächst bleibt wohl abzuwarten, ob er sich zu glaubwürdiger Einsicht und tätiger Reue durchringen kann oder ob er – mit Ende der „Auszeit" – versuchen wird, in seine alten Rollen zurückzukehren.

Wie auch immer dieser spektakuläre Einzelfall ausgehen mag – für den kritischen Sucher gibt er neuen Anlass dazu, sich mit solch beunruhigenden Fragen auseinanderzusetzen wie: Wie viele „Pseudo-Meister" mögen wohl – sei es in den USA, Europa, Indien oder sonst wo – weiterhin unerkannt ihre Lehren verbreiten? Und wie viele von ihnen gefährden durch fehlgeleitete Praxis ihre Schüler psychisch und seelisch?[9]

5. Erwachen als Ziel ?

Die Einbildung spinnt komplizierte Geschichten von spirituellen Pfaden, und dahinter steht immer die Vorstellung, dass es da etwas ganz Tolles zu entdecken gibt und wunderbare Menschen anzutreffen sind, vorzugsweise in Indien, die es gefunden haben. Eines Tages finde ich es vielleicht auch, und dann verfüge ich über spezielle Kräfte und schwebe ständig im höchsten Glück, und meine Freunde werden grün vor Neid.

[Richard Sylvester]

„Erleuchtung" hat zweifellos ein hohes Suchtpotential. Von allem, was verspricht dorthin zu führen, geht auf Sinnsucher eine unwiderstehliche Faszination aus; ob es sich um exotische Plätze, tote „Meister" oder lebende „Gurus", Bücher, Videos, Musik oder sonst etwas handelt. Die Aussicht irgendwann selbst zu den „Erleuchteten" zu gehören, lässt viele Sinnsucher einen beträchtlichen Teil ihrer Freizeit auf „Spirituelles" verwenden. Manche steigen sogar aus ihrem Beruf aus, kündigen private Beziehungen auf und geben beträchtliche Geldsummen aus.

Auch Leute wie Richard und Tony haben viele Jahre mit psychotherapeutischen Methoden und spirituellen Wegen experimentiert. Jeff war, wie er schreibt, sogar „wie besessen" von der Vorstellung, sein Ich transformieren zu müssen. Auch Nathan beschreibt im Rückblick seine spirituelle Suche als „Obsession". Und Stephen stürzte sich kopfüber so tief in Zen-Praxis und Meditation, dass er fürchtete, verrückt zu werden.

Alle, die sich auf dem „spirituellen Pfad" sehen, sind offenbar felsenfest davon überzeugt, dass es sich um ein Ziel handelt, das sich in jedem Fall lohnt. Und je größer die Zahl derer wird, die ebenso denken, desto mehr fühlen sie sich in dieser Überzeugung bestätigt.

So verwundert nicht, dass auch die Zahl derjenigen wächst, die für ein reichhaltiges „spirituelles" Angebot sorgen – und dabei selbst finanziell nicht zu kurz kommen.

*

In vielen unterschiedlichen Kulturen haben seit jeher Menschen versucht, den begehrten Erleuchtungszustand selbst herbeizuführen. Eine auch bei uns in der Moderne bekannt gewordene und dort rasch in Mode gekommene Methode ist die Einnahme bewusstseinsverändernder Substanzen.

Manche können dadurch offenbar tatsächlich kurz einen Bewusstseinszustand erreichen, der ähnlich erlebt wird wie spontanes Erwachen. Stanislav Grof ist einer von ihnen:

Ich hatte das Gefühl, dass ein göttlicher Blitzstrahl mein bewusstes Selbst aus meinem Körper katapultierte. ... Mein Bewusstsein dehnte sich mit unvorstell-

barer Geschwindigkeit aus bis in kosmische Dimensionen. Es gab zwischen mir und dem Universum keinerlei Grenzen oder Unterschiede mehr. ... Ich ging aus dieser Erfahrung bis ins Innerste erschüttert hervor und war zutiefst beeindruckt von ihrer durchdringenden Kraft.

Als Psychiater und Freudscher Analytiker, der sich mit professionellem Hintergrund für die Wirkung bewusstseinsverändernde Substanzen interessierte, dürfte Grof allerdings eher eine Ausnahmeerscheinung sein[10].

Die zahllosen andern, die (meist in der Frühphase ihres Suchens) aus persönlicher Neugier und häufig unter gewissem Gruppenzwang mit Drogen experimentierten, dürften sich eher in der Schilderung C. Parkins wiederfinden:

Erfahrungen mit halluzinogenen Drogen hatten meine Wahrnehmung für Bereiche geöffnet, in denen ich mich meinem Ursprung „irgendwie näher" fühlte als im Normalbewusstsein, und ich begann zu ahnen, dass mit der Wahrnehmung im täglichen Bewusstsein irgendetwas nicht stimmte.

Grausam war jedoch, dass der Zugang zu dieser inneren Welt in seiner Fülle und Vielfalt nur durch den Einfluss von Drogen möglich schien. Jedesmal, wenn die Reise vorüber war, wurde ich erbarmungslos wieder hinausgestoßen aus den Toren des vermeintlichen Paradieses. Ich war gefangen …

*

Eine andere, ebenfalls häufig missverstandene „Methode" ist die in den östlichen Kulturen beheimatete Meditation. Adyashanti musste, als er versuchte „den Durchbruch" durch maximale geistige Anstrengung zu erreichen, zunächst die bittere Erfahrung des Scheiterns machen. Er erlebte den erstrebten Zustand dann zu seiner großen Überraschung in dem Moment, als er die Unmöglichkeit seines Tuns erkannte. So gelang es ihm, sich vollständig zu entspannen.

Ken Wilber berichtet von einem Meditationserlebnis ganz anderer Art. Auch er experimentierte damit das Erwachen allein durch intensives Meditieren herbeizuführen (Zitat: „die mühsamste Aufgabe, die mir je gestellt war, die schwierigste Schlacht, die ich je geschlagen habe"). Je weiter er dabei kam, desto mehr wurde ihm bewusst, dass ihm der angestrebte Zustand vollständigen Einsseins nicht gelingen wollte. Doch schließlich erreichte er seiner Aussage zufolge für kurze Zeit auch diese höchste Stufe:

... es gab nirgendwo mehr ein Subjekt, nirgendwo ein Objekt im Universum, da war nur noch Universum. Von Augenblick zu Augenblick tauchte alles auf, in mir und als Ich, aber es gab kein Ich ... Keine persönliche Fähigkeit, Sprache, Logik, Begriffe, Motorik war verloren oder beeinträchtigt. Im Gegenteil, sie funktionierten zum ersten Mal richtig, frei von allen Abwehrmechanismen des separaten Selbst. Dieser völlig offene, vollkommen non-duale Zustand war zugleich unglaublich und völlig gewöhnlich, so sehr, dass er mir noch nicht einmal auffiel. Es gab niemand, um ihn zu begreifen, bis ich – nach drei Stunden – aus ihm herausfiel.[11]

Die Provokateure dürften davon nicht sonderlich beeindruckt sein. Stehen sie doch allem, was nach spirituellem Leistungsdenken aussieht, äußerst skeptisch gegenüber. Was wäre auch mit dem geschilderten „Sieg" bewiesen? Dass es dem Menschen, kraft äußerster mentaler Anstrengung möglich ist, einen als non-dual empfundenen Bewusstseinszustand zu erreichen? Und das für maximal drei Stunden?

*

Welch hohes Suchtpotential im Streben nach „Erleuchtung" steckt, wird besonders augenfällig, wenn Sucher über Jahrzehnte an einer Art Wiederholungszwang leiden. Ein bewegendes Beispiel dafür ist der amerikanische Zen-Meister Jun Po Dennis Kelly.[12]

Meine erste Erfahrung mit non-dualem Bewusstsein hatte ich, als ich noch keine zwei Jahre war … Da mein Vater aus dem Krieg mit einem Alkoholproblem zurückgekommen war, hatte ich eine üble Kindheit mit jeder Menge Alkoholexzessen und Gewaltausbrüchen. Eines Tages, als er auf Urlaub zuhause war, versteckte ich mich in extremer Angst unter meinem Bett. Grund war nicht die drohende körperliche Gewalt, sondern der emotionale Gewaltausbruch zwischen meinen Eltern. Und als ich da, in der Pfütze meines Urins, ganz in die hinterste Ecke gepresst dalag, löste sich plötzlich alles einfach auf, was sich an Strukturen oder Emotionen in meinem kleinen egozentrischen Hirn gebildet hatte. Es war ein diffuses Gefühl von Angst, Wut und Ratlosigkeit, das so intensiv wurde, dass ich einfach verschwand, immer weiter nach innen, in einen ursprünglichen Zustand von Stille und Klarheit.

Diese frühkindliche Erfahrung lässt Dennis nicht mehr los und wird zum bestimmenden Faktor seines Lebens. Von dem Wunsch getrieben diesen außergewöhnlichen Zustand erneut zu erleben, experimentiert er als Jugendlicher ausgiebig mit LSD. Als Erwachsener wendet er sich der Zen-Praxis zu und macht dabei tiefe Meditations-Erfahrungen. Und noch mit über sechzig, nachdem man bei ihm Kehlkopfkrebs in hohem Stadium diagnostiziert hat, kämpft er mit Depressionszuständen und Suizid-Gedanken. Aber er gibt nicht auf.

*

Bei solchem Wiederholungszwang, sagt Ramesh Balsekar, werde übersehen, dass es sich bei der Erfahrung, die man wiederbeleben möchte, um ein Geschehen handele, das in keiner Weise der Kontrolle des Ich unterliegt. Und da der Suchende sich dessen nicht bewusst sei, probiere er „allerlei Methoden und Praktiken aus, um dieser Erfahrung des Einsseins wieder teilhaftig zu werden, die in Wirklichkeit einfach eingetreten war“. Der einzige Effekt, den solches Bemühen unter Umständen haben könnte, ergänzt Tony mit feiner Ironie, sei, dass der Sucher selbst schließlich „erschöpft zu Boden fallen wird und endlich loslassen kann“.

Kurzum: *alle* Versuche „Erleuchtung“ *willentlich* herbeiführen zu wollen, da sind sich die Provokateure einig, sind zum Scheitern verurteilt. Denn beide, der Suchende selbst ebenso wie das Gesuchte, sind lediglich gedankliche Vorstellungen eines illusionären „Ich“. Und wie könnte eine Vorstellung eine andere Vorstellung „herbeiführen“?

6. Allmählich Erwachen

Unsere wahre Natur ist BEWUSSTSEIN ... Das „Ich“ ist einfach nur ein Teil der Szenerie ... und wenn es durchschaut und als das gesehen wird, was es ist, dann hören das Suchen und die Anspannung ganz natürlich auf ... Dieses Durchschauen des „Ichs“ geschieht nicht notwendigerweise plötzlich, sondern kann auch allmählich geschehen, als etwas, das das Spiel des Lebens mit sich bringt. ... Dann offenbart sich statt in einem Rausch der Seligkeit sanft und allmählich die natürliche, entspannte Leichtigkeit des Seins.
[Nathan Gill]

Wohl die meisten Sinnsucher hegen liebevoll ihre Vorstellung von Erleuchtung als einem großartigen, beglückenden Ereignis von Ruhe und Seligkeit, in dem sich alle ihre irdischen Probleme wie von alleine auflösen. Erschütternde autobiographische Berichte wie von Suzanne Segal oder Pyar passen nicht in dieses Bild und werden deshalb meist verdrängt.

Aber auch Hinweise darauf, Erwachen müsse keineswegs mit einem „Ereignis“ verbunden sein und könne daher auch ganz allmählich geschehen, werden gerne ignoriert. Dabei geschieht einfach nur, was geschieht, sagen die Provokateure, und alle Phänomene, die wir wahrnehmen, sind lediglich unterschiedliche Aspekte des einen „göttlichen Spiels“.

Ich sage den Leuten, sie sollten nicht auf irgendein Ereignis warten. Dass Befreiung nichts ist, was Ich habe und sie nicht. Sie ist möglicherweise spektakulär, muss aber nicht so sein, kann allerdings. Sie ist eher etwas ganz Einfaches als etwas Besonderes. Bei manchen Menschen kommt sie allmählich, und eines Tages stellen sie fest, sie sind bereits angekommen. Mehreren Leuten, die ich kenne, ist es so ergangen.
[Tony Parsons]

Nathan zum Beispiel. Auch Jan, der von sich erzählt, er habe die erste Erfahrung „reiner Präsenz" im Alter von fünfzehn Jahren bei einem Kuss gemacht. Der schon in früher Jugend, („sehr ernsthaft, geradezu leidenschaftlich, aber zugleich auch sehr kritisch") die spirituelle Suche beginnt. Und der sich vornimmt diesen Weg unbedingt bis zum Ziel zu gehen, ohne dabei Kompromisse einzugehen.

In meiner Vorstellung musste meine Suche vereinbar sein mit Familienleben, Wein, Sex, leckeren Fleischgerichten, sportlichen Autos, luxuriösen Urlauben und all den anderen Dingen, die gewöhnlich als un-spirituell gelten.

Klar, dass der junge Jan spirituelle Verhaltensregeln rigoros ablehnt. Hat er sich doch in den Kopf gesetzt alle Glaubenssysteme, ob New Age, Christentum, Buddhismus oder Hinduismus, so lange kritisch zu hinterfragen, bis er ihre Irrtümer aufgedeckt hat. Daneben befasst er sich mit Yoga, praktiziert „Transzendentale Meditation" (bei der er erneut Gefühle von Eins-Sein erlebt), liest die Werke zahlloser spiritueller Autoren (darunter J. Krishnamurti, Jean Klein, Alan Watts, Sri Nisardagatta und Ramana Maharshi) und sieht sich auch bei verschiedenen spirituellen Lehrern um. Sein Fazit: „Einige waren inspirierend, andere reichlich irreführend".

Zu den inspirierenden gehört in erster Linie Douglas Harding. Was Jan zuvor bei anderen gelesen und gehört hat, wird ihm nun, wie er sagt, „kristall-klar". In der Folgezeit erlebt er wiederholt Momente von „Offenheit,

Reinheit und totaler Leere". Doch ist sein „spiritueller Hunger" noch längst nicht gesättigt. Er liest die Bücher von Suzanne Segal, Eckhart Tolle, Ramesh Balsekar , Wayne Liquorman und anderen und setzt sich weiter intensiv mit den etablierten religiösen und spirituellen Glaubenssysteme kritisch auseinander. Bei all dem hat er, wie er nachträglich bemerkt, noch immer „ einen spirituellen Pfad, ein zukünftiges Ziel" im Kopf, ist sich dessen aber nicht bewusst:

Auf einer sehr subtilen Ebene liefen noch immer die alten Ego-Spielchen ab: das Vergleichen, die Sehnsüchte, die Erwartungen, das Idealisieren usw.

Jan glaubt auf diesem „Pfad" Fortschritte machen zu müssen und erwartet, dass irgendein „Ereignis" geschieht. Dann trifft er Tony.

Schon beim ersten Zusammentreffen lösten sich alle meine Erwartungen auf als ich von ihm diese drei Worte hörte: ‚This is it'. Die Vorstellung eines Pfades brach auf der Stelle in sich zusammen … Aber das war nicht irgendeine spektakuläre Enthüllung. Kein mystisches Ereignis oder so etwas. In einem zeitlosen Augenblick wurde alles auf eine sehr einfache und natürliche Art und Weise vollständig klar. Das ganze Kartenhaus fiel in sich zusammen, in aller Einfachheit und Gewöhnlichkeit. Alle Fragen waren verschwunden.

Zunächst wehrt sich noch sein Verstand, doch dann durchschaut er, dass die Auflösung seiner Ich-Identität nichts anderes ist als das Ende einer Illusion.

In der Tat: nichts geschah. Das tägliche Leben lief einfach weiter. Nur das zeitlose ‚This is it' blieb.

*

Jan Kersschot ist von Beruf Arzt und hat sich auf eine besondere Natur-Heilmethode spezialisiert. Er hat mehrere Bücher zum Thema Non-Dualität veröffentlicht, darunter einen Sammelband mit Interviews mit u.a. Tony Parsons, Nathan Gill, Douglas Harding, Eckhart Tolle, Wayne Liquorman und U.G. Krishnamurti.

*

Ähnlich wie Jan ist auch Leo auf recht unspektakuläre Art und Weise erwacht. Nach der frühen Scheidung seiner Eltern wächst er in ärmlichen Verhältnissen bei seiner Mutter auf. Schon als Kind wird er, wie er berichtet, zu einem „Suchenden, der spiritueller Autorität misstraut". Nach seiner Flucht aus dem Heim für schwer erziehbare Kinder, in das man ihn eingewiesen hat, lebt Leo auf der Strasse und wird abhängig von harten Drogen. Mit Hilfe von LSD kommt er von der Sucht los und wird, nachdem er wegen Drogeschmuggels ein Jahr Gefängnis abgesessen hat, „makrobiotischer Hippie". Er heiratet und wird Vater einer Tochter. In dieser Zeit reist er auf dem Landweg nach Indien und macht dabei „so genannte mystische oder Gipfel-Erfahrungen". Aber seine Suche geht weiter. Die früheste Erfahrung „kosmischen Bewusstseins" macht er in seinem zweiundzwanzigsten Lebensjahr.

Es ist einer der Tage, an denen er unter Depressionen leidet. Als er wahllos Musik einschaltet, wird zufällig der Beatles Song „I've got a feeling deep inside / I've got a feeling, a feeling I can't hide" gespielt. In diesem Moment verschwindet seine Depression und Leo fühlt sich frei und leicht: „Alle scheinbaren Gegensätze lösten sich auf … Alles ist Eins". Doch zieht er, wie er erst später erkennt, aus dieser überwältigenden Erfahrung den falschen Schluss:

Wenn Alles Eins ist, dann bin ich ein Teil dieses Einen und verantwortlich für das, was geschieht. Deshalb muss ich mich bemühen ein besserer Teil dieser Totalität zu werden.

Zunächst hält Leo viele Jahre an diesem Glaubenssatz fest. Später kommen ihm Zweifel und schließlich erkennt er:

ES hat nichts mit Erfahrungen zu tun, sondern mit DEM, was sich der Erfahrungen bewusst wird: der Raum, in dem alles geschieht. Gleich ob man eine außergewöhnliche Bewusstseinserfahrung hat, sich die Hände wäscht oder die Zehen anstößt – für DAS, in dem alles erscheint, ist alles gleich. ES ist das Sehen und nicht was man sieht. Darin besteht die radikal neue Sicht (‚that is the shift'). "

In der Folgezeit begegnet er Ram Dass, dessen Buch „Be Here Now" er gelesen hat, kann aber mit dieser Botschaft nicht viel anfangen. Erst ein paar Jahre später, als er mit Wayne Liquorman, der Ramesh Balsekar auf dessen Vortragsreise in Europa begleitet, ins Gespräch kommt, beginnt er zu erkennen, dass er nach wie vor alles, was er liest und hört, intellektuell zu verstehen versucht. Dieser Gedanke lässt ihn lange Zeit nicht mehr los. Doch schließlich kommt ihm die Erkenntnis: „Es gibt kein ‚Ich', das versteht; es gibt nur Verstehen, Sehen und Sein".

Im Rückblick sieht er darin nichts Großartiges, einfach nur ein weiteres Stück Klarheit: *... jetzt gibt es etwas, was sieht, wie Leo sein Ding tut. Und Leo wird nicht mehr so ernst genommen. Ich bin nicht mehr identifiziert mit Leo, sondern erkenne mich als DAS, was sieht, wie Leo kommt und geht.*

Als er bald darauf er Tony Parsons Buch *„As it is"* liest, gibt die Resonanz, die er dabei spürt, seinem Suchen neuen Auftrieb. Er nimmt Kontakt mit Nathan Gill auf und liest Bücher von Ramesh Balsekar. Später folgen persönliche Begegnungen sowohl mit Wayne Liquorman als auch mit Ramesh selbst.

*

Leo Hartong hat zwei Bücher zum Thema Non-Dualität veröffentlicht. („sie haben sich von alleine geschrieben", sagt er), tritt aber nicht in Meetings auf.

Teil Drei

SANGHA | Schüler und Lehrer

Suche dir einen Lehrer, der dir überhaupt nichts gibt. Keine Hoffnung, keine Methode. Keine Aufforderung dich zu ändern. Kein Angebot dich irgendwohin zu bringen. Du musst nirgends hin. Suche dir jemanden, der deine Konzepte und Glaubenssysteme zerstört. Der dich immer zurückwirft auf das, was ist. Jetzt. Hier.
[Tony Parsons]

1. Geschichten des Erwachens: Gangaji, C. Parkin, Ramesh, Wayne

Geschichten des Erwachens erzählen von der Auflösung des Ich durch ein plötzliches, völlig unerwartetes Ereignis. Oder von Prozessen dorthin. Diese verlaufen in Sprüngen und sind für die Betroffenen mitunter sehr leidvoll, oder sie verlaufen allmählich und sanft. Manchmal kommt es auch zu einer persönlichen Begegnung mit einem Meister, die aus der Sicht der Betroffenen eine wichtige Rolle spielt.

*

„Bis ich 1990 meinem Lehrer begegnete, war mein Leben von meiner persönlichen Leidensgeschichte geprägt" beginnt **Antoinette** (Gangaji ist ihr später angenommene Name) die Rückschau auf ihre jahrzehntelange Suche:

Ich hatte vieles ausprobiert, um mein Leidensgefühl zu lindern – Psychotherapie, Affirmationen, Meditation, verschiedene Workshops, Channeling, Astrologie, Visualisation, Tanzen und psychotrope Stoffe. Ich hatte versucht, alles auszuleben, und ich hatte versucht, mir alles zu versagen. Ich hatte mich bemüht mich zu lieben, und hatte probiert, mich zu hassen. Nichts davon hatte geholfen. Natürlich hat es auch schöne Momente gegeben – Augenblicke voller Anmut, Freude, Glückseligkeit und Frieden. Aber durch alles zog sich wie ein roter Faden das Leiden …

Schließlich wird ihr klar, dass sie dringend die Hilfe eines Lehrers benötigt. „Durch verschiedene wundersame Umstände" verschlägt es sie nach Indien, wo sie auf den indischen Weisen H.W.L. Poonja trifft. Bei der ersten persönlichen Begegnung kommt es zu folgendem Dialog:

Poonja: „Sag mir, was du willst"
Antoinette : „Ich will frei sein von allem, worin ich mich verstrickt habe, von meinen falschen Auffassungen. Ich will wissen, ob es eine letzte, absolute Wahrheit gibt. Sag mir, was ich tun soll."
Poonja: „Dann bist du hier richtig! Tu nichts. Dein ganzes Problem besteht darin, dass du immer etwas tust. Hör mit all deinem Tun auf... Sei jetzt in diesem Augenblick still"

Bei diesen Worten droht Antoinette in Zweifel und Angst zu versinken. Aber dank der Ausstrahlung des Lehrers gelingt es ihr diese gewohnten Gefühle loszulassen und sich ganz auf den gegenwärtigen Moment einzulassen. Im Rückblick schreibt sie:

Da wurden mir die Erfüllung und der Friede zuteil, die ich gesucht hatte, als seien sie immer da gewesen und hätten unmöglich jemals abwesend sein können ... In diesem Augenblick wurde mir klar, dass alles, was ich mir je hätte wünschen können, schon da war als der Urgrund des reinen, ewigen Seins ... Vor allem aber erkannte ich, dass ich in Wahrheit dieses Sein war und bin. Und dieses Sein ist überall gegenwärtig, in allem, im Sichtbaren wie im Unsichtbaren ...

Was mir in jenem Augenblick aufging, war so einfach, dass es kaum zu glauben war ... Jetzt wurde mir klar, dass alles, was ich je dachte immer nur Gedanken waren, auf die kein Verlass war, da sie der Konditionierung und Auflösung unterworfen waren ... Die frühere Angst des Nichtwissens verwandelte sich in die Freude des Nichtwissens ... Es war eine nüchterne Ekstase, ein Augenblick der Klarsicht: Ich bin nicht an „meine" Geschichte gebunden!

*

Antoinette bleibt eine Zeitlang bei dem Meister, wird von ihm als „erwacht“ anerkannt und bekommt den Namen Gangaji verliehen. Später beginnt sie als seine „Botschafterin“ im Westen eine eigene Lehrtätigkeit.

Heute gehört Antoinette sie zu den weltweit bekanntesten spirituellen Lehrern. Sie lebt mit ihrem Ehemann Eli Jaxon-Bear, ebenfalls ein spiritueller Lehrer, in Oregon, USA

*

Nach einer behüteten, aber freudlosen Kindheit, die er später im Rückblick als Periode „einer latenten Depression“ beschreibt, erlebt **Cedric Parkin** im Alter von achtzehn Jahren in sich „ein großes schwarzes Loch ..., für das sich keine Ursache finden ließ“.

Er flüchtet sich in Drogenkonsum, doch, „jedesmal, wenn die Reise vorüber war, wurde ich erbarmungslos wieder hinausgestoßen aus den Toren des vermeintlichen Paradieses. Ich war gefangen.“ Den einzigen Ausweg aus seinem Leidenszustand sieht er im Studium der Psychologie, das er aber nach drei Jahren enttäuscht wieder abbricht.

Bei der weiteren „verzweifelten Suche“ begegnet er seinem ersten Lehrer, einem Sufi, unter dessen Einfluss er sich den Namen „Derwisch“ zulegt. Um herauszufinden, woher seine „Grundangst gegenüber anderen Menschen und der ganzen Welt“ stammt, schließt er sich einige Zeit später einer Gruppe an, die Schwarze Magie praktiziert. Dabei erlebt er den Abschluss „eines Pakts mit dem Teufel“ und ein andermal eine Todesvision, von der eine starke Anziehungskraft auf ihn ausgeht.

Wenige Wochen danach, als Cedric kurz nach Mitternacht über eine Landstraße nachhause fährt, prallt sein Wagen in einer Kurve frontal gegen einen Baum. Er wird gerettet und liegt zwei Tage lang „klinisch tot" in der Notaufnahme. Über sein Aufwachen aus dem Koma berichtet er:

Ein Freund stand an meinem Bett und fragte mich, was „ich" denn erlebt hätte … Ich hatte Nichts erlebt. Doch selbst dieser Ausdruck nähert sich der Erfahrung nicht, denn „Nichts" ist nicht „nichts". Die Grenzen der Sprache als ein zutiefst dualistisches Instrument schienen erreicht. Es hatte kein „Ich" gegeben, um irgendetwas zu erleben, denn das würde ja bedeuten, dass die Trennung zwischen Subjekt und Objekt der Wahrnehmung existiert hätte. Nachdem die „Wellen" der Wahrnehmung abrupt zur Ruhe gekommen waren, war Ich ein Ozean grenzenlosen Bewusstseins, ohne Form und ohne Eigenschaften. Es war das reine „Ich bin" … Nachdem „ich" wieder aufgewacht war, begann ein schleichender Prozess von Re-Identifikation mit „Ich"-Gedanken. Dennoch durchdrang das ozeanische Bewusstsein nach wie vor die gesamte Wahrnehmung. Gleichzeitig erlebte ich den Körper als eine leere Hülle, die für die vollkommene Existenz meiner selbst ohne Belang war. Alles, was für mich zuvor Realität gewesen war und somit Bedeutung gehabt hatte, erschien mir plötzlich leer und ohne Sinn.

Gegen den Rat der Ärzte verlässt Cedric schon nach wenigen Tagen das Krankenhaus und fährt, einem inneren Impuls folgend, nach Österreich, um bei Eli Jaxon-Bear an einer therapeutischen Ausbildung teilzunehmen. Als dessen Frau Gangaji abends Satsang gibt, erkennt er in ihr seine spirituelle Lehrerin:

In meinem Leben war nichts mehr von Bedeutung. Gangaji war der einzige Mensch, dem ich mich offenbaren konnte. Ein einziger Wunsch begann von mir Besitz zu ergreifen: der Wunsch nach vollkommener Befreiung von der dem menschlichen Zustand innewohnenden Abtrennung vom göttlichen Selbst, dem Ursprung.

Dieser Erkenntnis folgt bei ihm zunächst ein Zustand von Sorglosigkeit und Gleichgültigkeit. Doch bald machen sich die tiefen, durch den Unfall verursachten Verletzungen in seinem Nervensystem bemerkbar. Als ihm bewusst wird, dass er sich dringend um Einkünfte kümmern muss, erfasst ihn eine zuvor nie erlebte Angst und Hilflosigkeit.

Es war niederschmetternd feststellen zu müssen, dass mein gesamtes, eingeprägtes Denken, welches sich mir als ein Versuch dargestellt hatte, das Glücklichsein auf Erden zu erreichen, welches mir Verstehen, Wissen und Sicherheit vorgegaukelt hatte, zielstrebig genau das Gegenteil erzeugte, nämlich Leiden.

Cedric zieht sich aus dem normalen Leben zurück und sucht Hilfe bei einem Therapeuten. Seinen Verkehrsunfall erkennt er nun im Rückblick als Anmaßung, über den Zeitpunkt seines Todes selbst entscheiden zu wollen, als einen Akt „unfassbaren Größenwahns". Zugleich wird ihm bewusst, dass er sein ganzes bisheriges Leben versucht hatte, sich von einer tief empfundenen, aber stets geleugneten „Schuld an der Ursünde, der Absonderung vom göttlichen Selbst" zu befreien.

Er schreibt Gangaji Briefe und bemüht sich immer wieder um ein Zusammensein mit ihr.

Die Tatsache, dass ich gleich nach dem Unfall zu ihr geführt worden war, hatte in mir eine tiefe Ahnung, ja eine Gewissheit wachgerufen, die eine immense Erregung in mir erzeugte: Meine Chance schien gekommen! … Ich wusste, dass ich sie nutzen musste. Jetzt oder nie. Ein Sog zog mich zu Gangaji … Ich begriff, Gangaji IST DAS, was ich suchte. Doch es tauchte auch Angst auf, nackte Angst. Es schien eine Kraft zu geben, die um einen unvorstellbaren Verlust fürchtete, einen Abgrund ahnte, der sich auftat.

Während dieser Zeit leidet Cedric körperlich unter andauernden Schwäche- und Erschöpfungszuständen . Seelisch ist er von einer einzigen, großen

Sehnsucht nach „endgültiger Freiheit“ erfasst. Als Gangaji sich bereit erklärt zwei Wochen lang Einzelgespräche mit ihm zu führen, erlebt er einen Wirbelwind der Gefühle:

Der Ort, den ich bis dahin als den ‚Ort der Wahrnehmung' angesehen hatte, sank plötzlich vom Kopf ins Herzzentrum. Ich schien die Welt mit einem mal von dort aus wahrzunehmen.

Er fühlt eine „tiefe Liebe zu allem“ und zugleich erfasst ihn eine „Feuersbrunst“ der Sehnsucht. All sein Denken ist für ihn ohne Bedeutung; Schmerz und Glückseligkeit sind Eins.

Bei einem der Gespräche erläutert er Gangaji seine Erkenntnis, dass er zwar alle Gedanken beobachten könne, er aber dennoch ein Gefangener bleibe. Denn nach wie vor würden Ich-Gedanken auftauchen und neues Leiden verursachen. Daraufhin fordert sie ihn auf sich die Frage zu stellen, wer denn derjenige sei, der sich der Gedanken bewusst ist.

Ich war einen Moment still, da wurde ich plötzlich von einem unendlichen Erstaunen erfasst.
In einem zeitlosen Moment der Gnade erkannte ich das absurde Schauspiel der Ideen, die sich ständig selbst bewahrheiten. Die Realität des Ich-Gedankens platzte wie eine Seifenblase, und die ganze Welt implodierte. Aus der Tiefe meiner selbst stieg ein unbändiges Gelächter empor, das nicht enden wollte.

Ein paar Tage später reist Cedric einem inneren Impuls folgend zum erstenmal in seinem Leben nach Indien, um dort am Satsang bei Gangajis Lehrer H.W. L. Poonja teilzunehmen. Dabei erlebt er, wie „die Quelle tiefster Erkenntnis… zu sprudeln beginnt, als nicht getrennt vom Wissen, das aus seinem Munde sprach“.

Über seine Beziehung zu Poonja hält er im Rückblick fest:

Ohne das Bedürfnis zu empfinden, Poonjajis Person nahe zu sein, war ich ihm näher als nah. Doch es war keine emotionale Nähe, sondern die Absorbierung in dem einen Bewusstsein.

Als er bald danach erkrankt, macht sich Cedric auf die Rückreise nach Deutschland, von seiner bisherigen Ich-Identität befreit: „Alles, was früher meine fixierte Identität ausgemacht hatte, war dem Unbekannten ausgeliefert und dadurch unvorhersehbar".

Zwei Jahre später empfängt Cedric völlig überraschend „die Information, binnen sechs Wochen alles aufzugeben und für unbestimmte Zeit in die USA zu gehen." Dort lebt er zunächst etwa ein Jahr in „großer Stille und Zurückgezogenheit". Auf seine ausdrückliche Bitte verleiht ihm Poonja in dieser Zeit mit einem kurzen Brief den Namen OM, den „Namen der Namenlosen". Schließlich – zwischenzeitlich hat er begonnen ein Buch zum Thema „Mythos Erleuchtung" zu schreiben – reist er nach Colorado, um dort Gangaji zu treffen.

Bei einem der Satsangs, an dem er teilnimmt, erzählt Gangaji, wie ihr Lehrer Poonja sie, die sich unglaublich auf ein Wiedersehen gefreut hatte, durch sein Desinteresse an ihr schockiert hätte. Dabei erkennt Cedric seine eigene Situation im Verhältnis zu „seiner" Lehrerin Gangaji. Am nächsten Tag bekennt er in einem Brief an sie, er habe „unterbewusst" Bestätigung durch sie erhofft, weil immer noch „eine feine Schicht von Zweifeln an mir SELBST" dagewesen sei. Ihre Erzählung aber habe diese Zweifel zerstört und damit habe sich „ein gigantisches inneres Lachen" ereignet:

Die Wahrheit ist: Bestätigung existiert nicht! Das was ICH BIN, benötigt keine Bestätigung.

Nun fühlt sich Cedric frei das zu tun, „was getan werden muss“: nach Europa zurückzukehren und

Satsang zu geben, wenn Satsang gegeben werden soll. Keinen Satsang zu geben, wenn kein Satsang gegeben werden soll. Dieses Buch schreiben, wenn es geschrieben werden soll. Und so weiter ... Dies ist die Großartigkeit und die Gewöhnlichkeit dessen, was ICH BIN.

*

Heute vermittelt OM Cedric Parkin in seinem spirituelle Zentrum in Norddeutschland seine Lehre des „Inneren Weges“, die er als zeitgemäße Version der „Ewigen Philosophie“ versteht und mittels der – innovativ – das hinduistische ADVAITA im abendländisch-christlichen Kontext verstanden und interpretiert werde.[1]

*

Während westliche Erwachte wie Gangaji und C. Parkin sich selbst und anderen gegenüber über ihr Erlebnis zum Teil recht ausführlich Rechenschaft abgelegt haben, finden sich bei bedeutenden indischen Lehrern allenfalls spärliche Hinweise. So beglückend diese es erachten zur höchsten Erkenntnis gelangt zu sein, so unbedeutend ist ihnen offenbar, wie es geschah und was dem vorausging.

Für westliche Sinnsucher aufschlussreich in diesem Zusammenhang ist die Erläuterung **Ramesh Balsekars,** weshalb sein Buch, das er über seinen Meister Nisardagatta Maharaj veröffentlicht hat, keine Aussagen über dessen Leben enthalte:

Nicht nur weil die uns bekannten Ereignisse aus Maharajs einfachem ... Leben zu spärlich sind, um davon zu berichten, sondern im Wesentlichen deshalb, weil es Maharaj selbst zuwider gewesen war. „Das ist lebloses Zeug- wie die Asche eines

abgebrannten Feuers. Ich habe kein Interesse daran. Warum sollte es dich interessieren?" Mit solchen Worten widersetzte er sich allen Fragen nach seiner Vergangenheit. „Gibt es überhaupt eine Vergangenheit?", pflegte er zu sagen. „Anstatt deine Zeit mit dergleichen nutzlosem Bemühen zu verschwenden, warum gehst du nicht direkt an die Wurzel und untersuchst direkt das Wesen der Zeit selbst? Wenn du das tust, wirst du finden, dass Zeit keinerlei Substanz hat; sie ist nur ein Konzept.

Auch von Ramesh selbst ist nichts bekannt, was man seine „Erwachensgeschichte" nennen könnte. Seine durch und durch normal-bürgerliche Biographie weist ihn als einen jungen Mann mit ausgeprägten sportlichen Interessen aus, der sich zu den Wirtschaftswissenschaften hingezogen fühlt. Nach erfolgreichem Studium in Indien und in England heiratet er und wird Vater von drei Kindern. Beruflich entscheidet er sich für eine Laufbahn bei einer großen staatlichen Bank Indiens. Dort wird er aufgrund seiner guten Leistungen bis zur Position des Bankdirektors befördert und leitet die Bank über zehn Jahre lang.

Seinen spirituellen Interessen widmet er sich erst nach seinem normalen, altersbedingten Ausscheiden aus dem Beruf. In dieser Zeit begegnet er Nisardagatta Maharaj und erkennt in ihm seinen Guru. Er wird Nisardagattas Dolmetscher bei dessen Satsangs und erlebt eines Tages auch selbst die höchste Erkenntnis. Nach Autorisierung zum Lehrer durch seinen Guru beginnt Ramesh selbst mit der Abhaltung von Satsangs.

In den fast dreißig Jahren bis zu seinem Tod 2009 hat Ramesh Balsekar kontinuierlich gelehrt und zahlreiche Bücher veröffentlicht. Als intimer Kenner der westlichen Welt und zugleich autorisierter Schüler eines der großen spirituellen Meisters des Ostens wird Ramesh Balsekar von vielen als besonders qualifiziert angesehen, westlichen Sinnsuchern Advaita nahezubringen.

Einer seiner früheren engsten Vertrauten und einer seiner bekanntesten westlicher Schüler ist der Amerikaner **Wayne Liquorman.**

*

Wayne war als junger Mann ein eher erfolgloser Geschäftsmann und fast zwanzig Jahre lang alkohol- und drogenabhängig. Mit Spiritualität hatte er nichts im Sinn.

Dann, eines Tages,
... kam am Ende einer viertägigen Sauftour ein Moment absoluter Gewissheit, dass diese Phase meines Lebens vorbei war. Es war, als sei ein Schalter umgelegt worden ... Und es war absolut klar, dass nicht ich es war, der etwas getan hatte ...und es stellte sich die Frage: Was hat das mit mir angestellt? Wenn ich nicht Herr meines Schicksals bin, was ist es dann?" Dies war der Punkt, an dem ich meinen Kopf in den Rachen des Tigers streckte; sein Maul klappte zu und es gab kein Entkommen mehr. Ich wurde zu einem Suchenden.

Auf seiner Suche stößt er eines Tages auf Ramesh Balsekar, der sich gerade zu seiner ersten Vortragsreise in den USA aufhält:

Ein Flyer war in meiner Post, auf dem etwas über einen Vortrag von einem mir völlig unbekannten indischen Guru stand. Aber weil das Ganze nur einen Dollar kostete, dachte ich mir: „Was kann ich schon verlieren?

Wayne (er ist zu diesem Zeitpunkt sechsunddreißig Jahre alt) entschließt sich mit ein paar Freunden hinzugehen. Von dem Thema des Abends „Advaita oder Nicht-Dualität" hatte er zuvor nie etwas gehört. Im Nachhinein wird ihm allerdings klar, dass dies für ihn durchaus ein Vorteil war:

Ich hatte bei weitem nicht so viele spirituelle Konzepte im Kopf wie die meisten anderen anwesenden Sucher mit all ihren Erfahrungen.

Nach einer Abwesenheit von zwei Wochen auf Geschäftsreise besucht er erneut eine Veranstaltung Rameshs – und erliegt dort einer rätselhaften Faszination:

Ich empfand mich wie transformiert durch die Ausstrahlung Rameshs und die Art, wie er lehrte. Ich war hin und her gerissen. Ich war verzaubert. Ich fühlte mich wie unter Zwang ihm zuhören zu müssen und täglich mit ihm zusammen zu sein … Es gab keinen Zweifel: Ich hatte mich verliebt.

Er verfasst ein Gedicht und schickt es Ramesh. Als dieser am Flughafen von seinen Gastgebern verabschiedet wird, ist auch Wayne dabei. Beim Warten auf die Durchsage zum Abflug wird diskutiert, wie man die Vorträge Rameshs eventuell zu einem Buch aufbereiten könne. Der Geschäftsmann in Wayne macht geltend, ein solches Projekt wäre alles andere als einfach. Man fragt ihn, ob er Erfahrung im Verlagswesen habe, und er antwortete wahrheitsgemäss: „Nein". Darauf unverhofft Ramesh Balsekar: „Noch nicht".

Wayne ist wie vor den Kopf gestoßen. Aber nun hat er einen unverfänglichen Grund nach Indien zu reisen und so in Rameshs Nähe zu sein. In der Zusammenarbeit am Manuskript für das Buchprojekt geht Wayne in der Schülerschaft bei Ramesh vollständig auf. Und eines Tages wird ihm jener radikale Bewusstseinswandel zuteil, den er später die höchste Erkenntnis („ultimate understanding") nennt.

*

Wayne hat zu seiner Sicht des Advaita mehrere Bücher und unter dem Pseudonym Ram Tzu auch Gedichte veröffentlicht. Unter der Bezeichnung „The Living Teaching" gibt er Satsang in den USA und zahlreichen anderen Ländern.

2. Auf dem spirituellen Basar[2]

Spirituelle Suche kann sehr unterhaltsam sein und Spaß machen. Sie versorgt uns mit Hoffnung, sie bietet Sinn und Zweck, einen Rückhalt gebenden Kreis von Gleichgesinnten, die Gesellschaft strahlkräftiger Lehrer und Gurus und nicht zuletzt die Chance, überschüssiges Einkommen loszuwerden. Außerdem wissen wir dann, wie die zwischen Geburt und Tod verbleibendeZeit sinnvoll einzuteilen ist.
[Richard Sylvester]

Was ist von dieser Welle „neuer Spiritualität" zu halten, die seit den sechziger Jahren durch unsere westlichen Gesellschaften schwappt?

Seriöse Beobachter vertreten die Ansicht, Hauptursache sei das spirituelle Vakuum in unserer westlichen Zivilisation, das der Niedergang der christlich-abendländischen Religion hinterlassen habe. Weder die Aufklärung noch die modernen Wissenschaften hätten den Menschen eine neue Sinnhaftigkeit vermitteln und so dieses Vakuum füllen können. Infolgedessen erhofften viele bei einem Lehrer, der aus einer „östlichen" Tradition heraus lehre, der „Wahrheit" näher zu kommen und Lebenssinn zu finden.

Demnach kann man diese Welle als den Ausdruck einer strukturellen Krise unserer „post-modernen" Gesellschaft sehen, die ihren inneren Kompass verloren hat. Möglicherweise ist sie aber auch nur ein zeitgebundener Trend, der sich verflüchtigt, sobald die illusionären Erwartungen des Publikums nicht mehr erfüllt werden. Wie auch immer: im Handumdrehen hat unsere Konsumgesellschaft daraus einen kunterbunten Markt geschaffen, auf dem all die Ingredienzen eines „spirituellen Life-Styles" gehandelt werden: von der Flut einschlägiger Bücher, CDs,Videos und Accessoirs über das kaum mehr überschaubare Angebot an Kursen (von A wie Ayurveda bis Z wie Zen), die „Ganzheitlichkeit" von Körper und Geist versprechen, bis hin zu modernen Abenteuerreisen in exotische Länder mit ihren „Gurus", Ashrams und energetischen Kraftplätzen.

*

Der Sinnsucher ist verwirrt und steht ratlos davor. Was ist wichtig, was richtig? Welche Bücher sollte ich gelesen, welche Workshops besucht haben? Welcher Lehrer hilft mir bei meinen persönlichen Problemen? Welcher überfordert mich? Soll ich denen vertrauen, die traditionelle Übungswege empfehlen wie Meditation oder Selbst-Erforschung? Oder jenen folgen, die durch „kollektives Erwachen" den geschundenen Planeten Erde vor dem Untergang bewahren wollen? Womöglich ist sie ja schon im Gange, jene „lautlose Revolution", von der geraunt wird – und ich bin nicht dabei![3]

*

So gut wie alles ist kurzlebig auf diesem Basar; nichts scheint von Dauer zu sein. In rascher Folge wechseln Trends und Moden. „Stars" erscheinen auf der Bühne und verschwinden wieder so rasch wie sie erschienen sind. Selbst ominöse Weltuntergangs-Szenarien und Prophezeiungen vom bevorstehenden Anbruch goldener Zeiten kommen und gehen.

Wer erinnert sich noch an die sechziger Jahre, als ein indischer Guru die Hingabe an die Göttlichkeit Krishnas predigte und sich Scharen westlicher Jugendlichen dafür begeisterten? Was ist geblieben von der „Transzendentalen Meditation" (TM) des Maharishi Mahesh Yogi, den die Beatles entdeckt und populär gemacht hatten; nach dessen „Weltplan" nur ein Prozent TM-Praktizierender ausreichen sollte, das kollektive Bewusstsein für das bevorstehende „Zeitalter der Erleuchtung" reif zu machen? Selbst um den charismatischen „Bhagwan" Rajneesh (später Osho genannt) der in den siebziger Jahren mit seiner revolutionären Verbindung von östlicher Mystik und westlicher Psychotherapie weltweites Aufsehen erregte, ist es bemerkenswert still geworden.

*

Derzeit macht eine neue messianische Bewegung von sich reden, die auch bei westlichen Sinnsuchern erstaunlichen Zuspruch findet. Sie nennt sich „Golden Age Bewegung“, ist bei uns aber eher unter der Bezeichnung „Deeksha“ oder „Oneness Deeksha“ bekannt. Sie erwartet von ihren Anhängern nicht ekstatische Hingabe und asketische Lebensweise wie die Hare-Krishna-Bewegung, keine Intensiv-Meditationen wie die Transzendentale Meditation und auch keine jahrelangen psychischen Auseinandersetzungen mit dem eigenen Ego wie „Bhagwan“. Sie verspricht ihren Anhängern den Erleuchtungszustand („Oneness“) durch einfaches Handauflegen, „Deeksha“ genannt.

Je öfter diese unmittelbare Übertragung „göttlicher Energie“ erfolgt, so wird suggeriert, desto besser seien die Aussichten für den Durchbruch. Dabei wird nicht verhehlt, dass sich die Chancen durch den Besuch von Vertiefungs-Workshops, Ausbildungs-Seminaren zum Trainer und anderer Veranstaltungen verbessern lassen. Dafür stehen besonders eifrigen Gläubigen (die sich teure Flugreisen nach Südindien leisten können) eine eigene „Oneness-University“ und für Großveranstaltungen der pompös-extravagante „Goldene Tempel“ zur Verfügung.

Die Heilslehre „Oneness-Deeksha“ geht auf den indischen Gründer-Guru Sri Amma Bhagavan zurück , der sich und seine Ehefrau als vollständig erleuchtete Menschen („Avatare“) ansieht. Dank der von ihm durch „kosmische Inspiration“ ins Leben gerufenen Bewegung, so hieß es ursprünglich, werde unsere Welt „in sehr kurzer Zeit“ in „das goldene Zeitalter der Oneness“ eintreten (daher die Bezeichnung „Golden Age Bewegung“). Dazu müssten bis zum Jahr 2012 lediglich 0,001% der Weltbevölkerung (oder 64.000 Personen) durch „Deeksha“ erleuchtet werden, Das kollektive Welt-Bewusstsein werde allein dadurch so stark beeinflusst, dass immer mehr Menschen von ganz alleine zu „Erleuchteten“ würden.

Nachdem das Jahr 2012 verstrichen ist, ohne dass vom Eintritt der Menschheit in das „Goldene Zeitalter“ viel zu erkennen gewesen wäre, sah sich das Führungspersonal offenbar veranlasst die ursprüngliche Prophezeiung zu relativieren (Zitat: „Die Reise nimmt in 2013 weiter Fahrt auf bzw. geht jetzt erst richtig los“). Zugleich wird anhand beeindruckender Zahlen, deren Berechnungsgrundlage im Dunklen bleibt, behauptet, die „kritische Masse“ (Stand Februar 2014) sei mit weltweit 1.708.000 „Erwachten“ inzwischen erreicht. Hinzu kämen 2.213.000 Menschen, die „ in der Präsenz leben“, 840 Millionen Menschen „in erwachten Zuständen“ und 1.020 Millionen Menschen, „die die Präsenz erfahren“.

Woraus geschlossen werden darf: Das „goldene Zeitalter“ hat bereits begonnen und das „kollektive Erwachen“ der Menschheit ist nur noch eine Frage der Zeit.[4]

*

Kritische Sucher dürften sich verwundert fragen: Wo in aller Welt mögen wohl diese fast zwei Millionen „Erwachten“ leben? Und wo die annähernd zwei Milliarden, die angeblich irgendwie teilweise oder zumindest ein wenig erwacht sind?

Und mancher wird sich denken: Und was ist mit mir? Warum gehöre ich nicht dazu? Was habe ich falsch gemacht?

3. Nichts zu lehren, nichts zu lernen

Ich weiß, dass kein einziger spiritueller Führer seine Schüler zur Erleuchtung führt, weil man ganz einfach zur Erleuchtung nicht geführt werden kann. Erleuchtung lässt sich nicht lehren. Daher das unvermeintliche Resultat, auf das wir allenthalben stoßen: Alle fahren sie auf ihre Gurus ab, und alle werden sie von Tag zu Tag spiritueller, aber keiner wacht auf.

[Jed McKenna][5]

Ein kleiner, aber exquisiter Teil des „Basars“ sind Veranstaltungen, bei denen man als Suchender in direkten Kontakt mit Erwachten kommen kann. Sie werden heute auch bei uns meist „Satsang“ genannt. Der Begriff stammt aus dem Sanskrit und setzt sich aus SAT, was in etwa WAHRHEIT entspricht, und SANGAH zusammen, was so viel heißt wie Zusammensein oder Gemeinschaft.

Zu Satsangs kann jeder Interessierte gehen. Einmal oder mehrmals und ohne jede Verpflichtung. Lediglich ein Eintrittsgeld in Form einer „Spende“ wird üblicherweise erwartet. Deshalb kann sich auch jeder, der will, bei beliebig vielen Erwachten umsehen. Wer sich zu einem bestimmten besonders hingezogen fühlt, hat auch die Möglichkeit diesem in einem kleineren Kreis und über ein ganzes Wochenende nahe zu sein. Solche Veranstaltungen werden gewöhnlich mit dem englischen Begriff „Retreat“ bezeichnet.

*

Weshalb gehen aufgeklärte und intelligente Menschen des einundzwanzigsten Jahrhunderts zu Veranstaltungen, in denen es um Lehren geht, die auf die fast zweitausend Jahre alte spirituelle Philosophie Indiens zurückgehen?

Den meisten geht es um „Erleuchtung", sagen Kenner der Szene:

„... um den Weg dorthin. Um das richtige Bewusstsein. Um die Hindernisse. Die erleuchtete Person da vorne hat es ja offensichtlich geschafft. Ihr ist das entscheidende Licht aufgegangen. Was hat sie getan, was ich bisher versäumt habe? Wie komme ich auch dahin? Was muss ich noch machen, wo ich doch schon mein Bestes tue und eigentlich doch nichts Böses will? Wann durchschaue ich endlich all meine Probleme als pure Illusion? Wie erwache ich möglichst bald, um alles Leiden auf einen Schlag los zu sein? [6]

Natürlich hatten die meisten ihr Glück zuvor schon woanders versucht.

Inzwischen aber haben sie den Eindruck gewonnen, dass weder Partnerschaft noch Beruf, noch das Haus mit Garten das Glück, den Frieden oder die Erfüllung bringen können. Sie haben sich bemüht, ihr Leben zu vertiefen oder zu verbessern durch Yoga, gesunde Ernährung, Energiearbeit, Familienaufstellen oder Umstellen der Möbel.
Jetzt sind sie bei Lehrern gelandet, die sagen: Es gibt nichts zu verbessern, nichts zu verändern. Weder an deiner Umwelt noch an deinem Partner, noch an dir selbst. Es geht lediglich darum aufzuwachen. Klick. Und zu merken: Alles ist optimal, so wie es ist. Und es kann nichts schiefgehen.

Aber nun fühlen sie sich am richtigen Ort. Denn was könnte es Besseres geben als aus berufenem Munde (und so gut wie kostenlos) zu hören, wie „Erleuchtung" geht. Und während die einen eher auf schnelle Ergebnisse setzen, sind andere durchaus bereit auch längerfristig an derart erstrebenwerten Zielen zu arbeiten. Aber irgendwann sollte es schon klappen. Doch wie findet man den „richtigen" Lehrer?

Soll ich als Frau zu einer Frau gehen, als Mann zu einem Mann? Ist eine aus der Ramana-Tradition besser oder einer mit Osho-Background oder noch lieber einer, der es traditionsfrei und ohne Guru geschafft hat? Wähle ich einen, der ganz still ist und mich in Ruhe lässt, oder einen, der mich packt und herausfordert? Und bürgt nicht ein berühmter Lehrer, von dem es viele Bücher und Bänder gibt und auf den sich viele berufen, für ein schnelleres Erwachen als ein schmuckloser Newcomer ohne Referenzen?

Ein irgendwie weiser Mensch sollte er in jedem Fall sein. Außerdem sollte er Ausstrahlung haben und seine Verehrer verstehen und lieben. Und einem (wie mir), der sich ehrlich Mühe gibt, sollte er – bitteschön – auch die persönliche Anerkennung und Wertschätzung geben, die er verdient. Ein echter „Guru" eben.[7]

*

So scheint es auf der heutigen Satsang-Szene in erster Linie um den passenden Weg zur „Erleuchtung" zu gehen und um die Wahl des Lehrers, der diesen am besten vermittelt. Und die WAHRHEIT („SAT"), die doch eigentlich im Vordergrund stehen sollte, spielt sie denn keine Rolle ?

Aus „mysteriösen" Gründen, sagt Cedric im Rückblick auf seine frühe Lehrtätigkeit, sei er kaum einem begegnet, der ein echtes Interesse daran gehabt hätte, „die Wahrheit seiner selbst" zu erfahren. Und in den vier Jahren, in denen sie lehrte, so berichtet Rani, habe sie selten jemanden gefunden, der sich ernsthaft dafür interessiert hätte. Die allermeisten wären nur zu ihren Satsangs gekommen, weil sie gehört hätten, man könne auf diese Weise eine „Abkürzung" zur Erleuchtung nehmen, oder weil sie das Bedürfnis gehabt hätten, sich in der Aura einer spirituellen Lehrerin zu sonnen.

Darüber, was „wahr" ist, bringen ja ohnehin fast alle bereits ihre festen Vorstellungen mit. Dass nämlich „Erleuchtung" ein erreichbares Ziel sei und ein erleuchteter Lehrer seinen Schülern den Pfad dorthin zeigen könne.

„Alles Schwachsinn!", meint Ramesh:

„Es ist eine unbestreitbare Tatsache, dass Erleuchtung, Selbstverwirklichung, höchstes Begreifen oder wie man es auch nennen mag, nur geschehen und nicht durch irgendwelche Anstrengungen herbeigeführt werden kann ... Durch Jahrhunderte der Irreführung geprägt, unterliegen heutige spirituelle Sucher dem Wahn, ein Wissender müsse eine Art Superman sein, ein vollkommener Mensch ..."

Und in seiner direkten Art räumt ebenso auch Jed McKenna rigoros mit solchen falschen Wahrheiten auf:

Ihr versucht die ganze Sache auf einen Level herunterzuschrauben, auf dem ihr sie in den Griff bekommt, aber das ist nicht möglich. Die Wahrheit ist keine Vorstellung, keine Idee. Sie ist überhaupt kein Bewusstseinszustand. Ihr findet sie nicht in den Bibliotheken und auch nicht in den Büchern der Gelehrten. Sie kommt nicht als blitzartige Erkenntnis oder als Gipfelerlebnis über euch. Sie äußert sich nicht in Form von Glückseligkeit oder Ekstase. Sie ist kein Konzept, das man verstehen kann.

*

Werden irrige Vorstellungen dieser Art dann auch noch von Schülern auf einen Lehrer projiziert, der sich nur einbildet erleuchtet zu sein, ist die symbiotische Beziehung perfekt:

Wenn wir uns als Erlösung Suchende sehen, neigen wir dazu, charismatische Lehrer zu wählen, die offenbar in der Lage sind, uns zu erstaunlichen Erfahrungen zu verhelfen. Es gibt Hunderte von Lehrern, die das können. Es wird dann eine herrliche symbiotische Beziehung, eine Kollision, wie ich gern sage. Ich, der Sucher, biete dir meine Ergebenheit. Du, der Guru, bietest mir dein Charisma.
[Richard Sylvester]

Illusionen, Missverständnisse und Irrtümer – mitunter auch Dramen – sind dann geradezu vorprogrammiert. Befindet sich doch unter den Anbietern von Satsang (allein im deutschsprachigen Bereich ausweislich einschlägiger Listen inzwischen weit über einhundert), so Pyar, gewiss auch der eine oder andere „Pseudo-Meister“:

> *„Ein Pseudo-Meister ist eine große Versuchung für Sucher. Er braucht sie, um sich in der Sonne der Anbetung vieler Schüler zu sonnen, um Macht zu erleben, um reich zu werden oder seine Sexualität zu leben. Daher ist er eher bereit, ihre Erwartungen zu erfüllen als ein Meister. Vielleicht sieht er sogar meisterlicher oder heiliger aus, benimmt sich so und spricht so, wie man es von einem Meister erwartet. Wenn ein Schüler, der auf Anerkennung, Zuwendung oder Bestätigung hofft, auf einen solchen Pseudo-Meister trifft, dann ist der Schüler leicht bereit, sich ausnutzen zu lassen.“*

Selbst in Fällen, in denen der Lehrende authentisch erwacht ist und den ehrlichen Willen hat andere zu lehren, entstehen beim unerfahrenen Schüler /Leser allein schon durch die Art der sprachlichen Übermittlung gravierende Missverständnisse:

> *Die Kommunikation … mag manchmal als „non-dual“ erscheinen, wenn etwa der Lehrer das Wesen von „Oneness“ beschreibt, aber sie widerspricht sich selbst, wenn er einen Prozess empfiehlt, der dem Sucher helfen soll diese „Oneness“ durch Selbst-Erforschung, Meditation, Reinigungsrituale oder sonst etwas zu erreichen.*
> [Tony Parsons]

*

Für die Provokateure selbst ist Erwachtsein ein Seins-Zustand jenseits des Ichs, frei von jedwedem Dualismus. Die Vorstellung, ein Ich könne einen solchen Zustand „haben“ und „weitergeben“ oder von jemand anderem „empfangen“, sei daher absurd.

Die Lehren, die nach wie vor in der Dualität wurzeln, bringen unvermeidlich eine Spaltung zwischen dem „Lehrer“ und jenen hervor, die der Lehre folgen wollen. [Damit] baut sich gewöhnlich eine Kluft zwischen dem „Meister“ und seinen Anhängern auf. Je größer die Besonderheit des „Meisters“ wird, desto undurchsichtiger und komplizierter werden die Lehren. Je mehr die Unklarheiten über die Lehren wachsen, desto größer wird die Kluft und desto verwirrter und unterwürfiger werden viele Schüler. Als Folge verfallen die Betroffenen entweder kritikloser Verehrung oder der Ernüchterung, oder sie wachen auf und entwickeln sich weiter.

[Tony Parsons]

*

Was (so mag der kritische Beobachter fragen), geschieht dann aber in den „Meetings“, in denen Leute wie Tony selbst zu ihren Zuhörern sprechen?

Wir sitzen einfach gemeinsam in einem Raum … ohne dass irgendwelche negative oder positive Ergebnisse dabei herauskommen. Wenn jemand am Ende geht und sagt ‚Das hat mir überhaupt nichts gebracht‘ oder ‚Es war einfach grauenhaft‘, dann ist es eben so … Letztendlich, ist alles vollkommen in Ordnung. Alles was geschieht ist reines Bewusstsein … Ich sage manchmal am Anfang eines Workshops, dass ich nicht weiß, was passieren wird. Das Einzige, was ich sagen kann ist, dass ich den Leuten nahelege zu versuchen alle Erwartungen fallen zu lassen. Ich feiere einfach nur das DA-SEIN. … Wir sind, so gesehen, reines Bewusstsein … Nichts was auftaucht wird hinterfragt, analysiert oder beurteilt. Was immer geschieht, geschieht.

Dabei verliere dann auch der Dualismus von „Frage“ und „Antwort“ jede Bedeutung. Denn in diesem Rahmen, so ergänzt Nathan „… gibt es keine wirklichen Antworten. Die Antworten, die gegeben werden, sind keine direkten Antworten auf die Fragen, sondern untergraben in Wirklichkeit die Fragen.“

Über WAHRHEIT lasse sich ohnehin kein „Dialog" führen. Nur Hinweise auf dieses Unaussprechbare könnten gegeben werden. Freilich seien diese (wie im Zen gesagt wird) lediglich „Finger, die auf den Mond weisen". Und wenn Schüler einem im Dualismus stecken gebliebenem Lehrer folgten, dann seien sie unwillkürlich in Gefahr den „Finger" für den „Mond" zu halten.

Spirituelle Wege werden von Leuten beschritten, die sich einbilden, sie müssten bessere Menschen aus sich machen, um der Erleuchtung würdig zu werden. Du machst das alles mit, und schließlich kommt vielleicht wirklich eine Person heraus, die sich besser fühlt, aber das ist immer noch eine Person, und folglich besteht das Trennungsgefühl weiter. Nach wie vor ist die Sehnsucht da, ein Wissen, dass irgendetwas fehlt. Und was fehlt, ist dieses Ur-Einssein, aus dem wir geboren wurden. Was wir auch tun mögen, wir werden dieses Trennungsgefühl nie los; das Problem besteht, solange eine Person da ist. Therapie und Meditation sind wunderbar und werden deine Gefängniszelle vermutlich komfortabler machen. Aber sie holen dich nicht aus dem Gefängnis heraus, denn du bist das Gefängnis.
[Richard Sylvester]

*

Daher sei auch die Präsenz eines Lehrers schlichtweg irrelevant (Richard: „weder nützlich noch schädlich"). Auf die äußeren Umstände komme es überhaupt nicht an, nur auf den „rechten Moment". Dann könne einfach alles daran erinnern, was wir wirklich sind und immer gewesen sind. Schließlich werde ja nur manifest, was schon immer dagewesen und wofür gerade in diesem Augenblick die Zeit reif geworden sei.

Der wahre Lehrer[Guru] ist das Leben selbst ... Es gibt keine festen Regeln dafür, wie es zu einer Erleuchtung kommen sollte. Das Problem mit den vorgefassten Meinungen über diesen ach so begehrten Gral der Wahrheit und die Verpackung, in der er geliefert werden sollte, besteht darin, dass solche Vorstellungen den Suchenden daran hindern zu sehen, dass die Befreiung, nach der er sucht, immer völlig gegenwärtig und augenblicklich zugänglich ist.
[Leo Hartong]

Die größte Irrtumsfalle für die Suchenden, sagen die Provokateure, liege darin, dass „Erwachen", „Erleuchtung", „Befreiung" (oder wie immer man es nennen mag) als etwas gesehen werde, was dem Ich zuteil werden könne. Dabei könne sich ERWACHEN erst mit der Auflösung der Ich-Vorstellung einstellen. Und WAHRHEIT sei weder verborgen noch ein zukünftiges Ereignis, sondern jederzeit unmittelbar DA. Sie werde vom Ich nur nicht erkannt, weil dieses sich als getrennt sehe von dem WAS IST.

Solange wir Erleuchtung anderswo suchen, irgendwo weit weg und in der Zukunft, kann uns nicht auffallen, dass sie dieses – genau hier, genau jetzt – bereits ist. Das hier ist bereits das Gesuchte, das gelobte Land, das erhoffte Paradies. Eine Person kann das nicht sehen. Es ist erst zu sehen, wenn die Person wegfällt. Solange da ein Ich ist, das mit seinen Neurosen und seinem ewigen Heischen nach Zuwendung keinen klaren Blick zulässt, kann nicht gesehen werden, dass Dies bereits das Gesuchte und damit völlig genügend ist.
[Richard Sylvester]

Und sollte mit dem Ich das Suchen tatsächlich eines Tages von alleine wegfallen, was geschieht dann? Nichts Außergewöhnliches, meint Nathan:

Wenn das Such-Drama in sich zusammenfällt, gibt es das Entspannen in ein gewöhnliches Leben, und alles ist einfach wie es ist. Das Spiel geht weiter, aber ohne die Anspannung des Suchens.

Teil Vier

BUDDHA

Nicht sich mit Sünde und Schuld zu plagen oder über Vergangenheit und Zukunft zu grämen.: keine Erwartung , kein Bedauern. So existiert man im Frieden (Shanti) des Ursprungs (Nirvana), während man am mit Leid (Dukkha) behafteten Leben (Samsara) teilnimmt.
[Ramesh Balsekar]

Dialog 1

Sucher
Warum gibt es bei mir und vielen anderen die Suche?

Botschaft
Im Kleinkindalter ist unsere Bewusstheit grenzen- und zeit-los. Da ist nur totales EINS-SEIN mit ALLEM. Ab dem dritten Lebensjahr etwa erwacht das ICH- Gefühl. Ab da empfinden wir uns mehr und mehr als etwas Eigenständiges, Getrenntes, Isoliertes. Bei Eintritt in das Erwachsenenalter sind die meisten dann vollständig mit dem ICH identifiziert.

Diese ICH- Bewusstheit ist dualistisch: das ICH sieht sich als ein Subjekt, das alles andere als Objekte wahrnimmt. Diese Sichtweise wird als völlig „normal" wahrgenommen, denn die ursprüngliche Kleinkind-Bewusstheit hat sich im Lauf der Jahre verloren.

Sucher
Ist sie völlig verschwunden?

Botschaft
So scheint es. Aber bei den meisten bleiben, halb- bis unbewusst, Spuren der ursprünglichen Einheitsbewusstheit. Diese machen sich als Ängste und eine unbestimmte Sehnsucht bemerkbar. Darin liegt der Grund dafür, dass die meisten Menschen mit dem, was IST, unzufrieden sind – und auf die Suche gehen.

Sucher
Ja. Diese Suche bezieht sich zunächst auf Äußeres wie Anerkennung, Erfolg, Wohlstand, den idealen Partner usw. Jeder kennt diese Art der Suche. Aber jetzt suche ich das Eigentliche, das was man „Erwachen“ oder „Erleuchtung“ nennt.

Botschaft
Du bist also jetzt nicht mehr hinter „falschen“, äußerlichen Zielen her, sondern siehst dich auf dem Weg zum „richtigen“, dem inneren Ziel ?

Sucher
Ja, genau so sehe ich das.

Botschaft
Und jetzt möchte dein ICH wissen, was es tun kann, um das „richtige“ Ziel zu erreichen?

Sucher
Genau. Deshalb bin ich hier.

Botschaft
Da kann ich dir nicht helfen. Nichts kann deinem ICH gesagt werden, was ihm helfen könnte „erleuchtet“ zu werden. Was immer dein ICH hier lernen oder erfahren würde, würde ihm die „Erleuchtung“ nicht näher bringen. Im Gegenteil.
Nicht mangelndes Wissen oder Können des ICHs ist das Problem. Das Problem ist das ICH selbst.

Sucher
Das verstehe ich nicht.

Botschaft
Das ICH kann das nicht verstehen.

Sucher
Dann kann ich also nichts tun, um Erleuchtung zu erreichen.

Botschaft
Dein ICH kann dazu nichts tun.

Sucher
Könnte ich etwas tun, wenn ich wüsste, wie mein ICH funktioniert?

Botschaft
Eine typische ICH-Frage. Auch dann kann ein ICH nicht Erleuchtung erreichen.

Sucher
Jetzt verstehe ich nichts mehr.

Botschaft
Gib dir keine Mühe. Dein ICH kann das nicht verstehen. Und du und dein ICH sind ein und dasselbe.

Sucher
Natürlich bin ich „ich".

Botschaft
So „natürlich" wie das ICH denkt, ist das keineswegs. Wir kommen ja nicht mit diesem ICH auf die Welt. Es entsteht, wie gesagt, erst im dritten Lebensjahr. Beim Heranwachsen entwickelt es sich weiter und verengt und verfestigt sich dabei mehr und mehr. Ist dann das Erwachsenenalter erreicht, ist aus der ursprünglichen, grenzenlosen Bewusstheit des Kleinkindes ein auf das

ICH eingegrenztes Bewusst-sein entstanden: der ICH-identifizierte Mensch. Lass uns dafür aus praktischen Gründen in unserem Gespräch ab jetzt den kürzeren Begriff PERSON (in Großbuchstaben) verwenden.

Sucher

Einverstanden. Dann bin ich also eine PERSON. Meine Frage lautet dann eben: Was kann ich als PERSON tun, um meine ICH-Identifizierung loszuwerden? Denn dann stünde ja wohl einer Erleuchtung nichts mehr im Wege.

Botschaft

Eine PERSON kann sich von seinem ICH nicht befreien. Denn PERSON und ICH sind identisch.

Der Verstand verwendet hier einfach zwei unterschiedliche Begriffe, weil er zwei Perspektiven unterscheiden will. Nehmen wir als Beispiel den Sucher XY. Für den Lehrer oder andere Sucher ist er eine PERSON; spricht er von sich (oder sieht sich im Spiegel) ist er ICH.

Sucher

Es muss aber doch Wege und Methoden geben, die zur Erleuchtung hinführen. Woher sollten sonst die Lehrer herkommen, die Wege zur Erleuchtung lehren und deshalb Sucher wie mich anziehen?

Botschaft

Weder gibt es Wege und Methoden, die eine PERSON zur Erleuchtung führen, noch eine Lehre, die solche Wege vermitteln könnte.

Sucher

Sind dann etwa diese Lehrer selbst nicht erleuchtet?

Botschaft
Wenn mit „erleuchtet“ gemeint ist, dass der- oder diejenige völlig frei von ICH-Identifizierung ist, sind es die meisten wohl nicht.

Bei manchen hatte sich diese Identifizierung vielleicht vorübergehend aufgelöst, ist dann aber – in veränderter Gestalt – wiedergekehrt. Wieder andere bilden sich ein erwacht zu sein, weil sie irgendwelche außergewöhnlichen Erfahrungen gemacht haben und diese für das Erwachen halten.

Sucher
Wie kann ich als Sucher solche falschen Lehrer von wahren unterscheiden?

Botschaft
Die einen sagen: wenn du Erwachen erreichen willst, folge meiner Lehre. Die anderen sagen: Was immer du tust, Erwachen ist nichts, was sich durch Bemühungen erreichen lässt. Erwachen geschieht einfach – oder nicht.

Hör gut hin und finde selbst heraus, zu welcher Kategorie einer gehört.

Sucher
Aber es gibt doch auch Beispiele von spirituellen Lehrern, die unstrittig als wahrhaft Erwachte gelten, Ramana Maharshi oder Nisardagatta etwa. Auch diese haben Schüler um sich versammelt und nach gewissen Methoden gelehrt.

Botschaft
Diejenigen, die wahrhaft erwacht sind, sind selbst ohne irgendeine Methode erwacht. Da ist Erwachen einfach geschehen, ungeplant, ungewollt und völlig überraschend. Und sie selbst haben gewiss nie für sich beansprucht die Zuhörer mittels einer „Methode“ zum Erwachen führen zu können.

Aber natürlich gab es immer und gibt es Leute, Epigonen und Imitatoren, die meinen im Nachhinein aus den Worten solcher Meister eine allgemein anwendbare „Methode" destillieren zu können. Was auf diese Weise entsteht, sind Konzepte über die Wahrheit . Die WAHRHEIT selbst aber bleibt dabei auf der Strecke. Und natürlich gibt es mehr als genug PERSONEN, die an derartige falsche Wahrheiten glauben und solchen Leuten zu Füßen sitzen.

Sucher
Gilt das auch für die Methode, die man „Selbsterforschung" nennt?

Botschaft
Auch die Ramana zugeschriebene Frage „Wer ist es, der da fragt?" ist schon frühzeitig zu einem Konzept degeneriert. Wird einer PERSON diese Frage gestellt, dann bezieht diese die Antwort ganz zwangsläufig auf ihr ICH. Das Eigentliche, um das es dem Meister ging, liegt aber jenseits des ICH, auf einer ganz anderen, einer trans-personalen Ebene.

Auch das vielzitierte „Hier und Jetzt", das eigentlich auf die Zeitlosigkeit von WAHRHEIT hinweisen will, ist längst zu einem Konzept verkommen. Wenn ein Suchender das „Jetzt" denkt, denkt eine PERSON. Und ICH-Gedanken von PERSONEN existieren nur in der Zeit, entweder in der Vergangenheit oder in der Zukunft. Das wahre HIER und JETZT dagegen ist gerade die Abwesenheit aller Gedanken. Eine Nicht-Zeit. Reines Gewahrsein.

Wäre „Hier und Jetzt" etwas, worum ein ICH sich in Zukunft bemühen müsste (wie manche lehren), wo wäre das ICH dann in dem Augenblick, in dem dieser Gedanke ins Bewusstsein tritt?

Nochmals: Das ICH ist niemals Teil der Lösung. Das ICH ist das Problem!

Sucher
Es gibt doch aber glaubwürdige Beispiele, bei denen Sucher tatsächlich bei bestimmten Worten oder Fragen des Lehrers erwachten. Gangaji zum Beispiel. Bei ihr war es Poonjas Aufforderung: „Sei einfach still".

Botschaft
Ein meisterlicher Lehrer sieht, welcher Art die Ich-Illusion des jeweiligen Schülers in eben diesem Moment ist und weiß, was ihm helfen kann sie als Illusion zu erkennen. Er handelt völlig intuitiv, nicht nach irgendeiner „Methode". Er käme gar nicht auf die Idee bei einem anderen Schüler in gleicher Weise zu reagieren. Denn bei jedem Schüler ist die jeweilige momentane innere Verfassung eine ganz andere.

Ramana Maharshi hat dazu die Analogie von den zwei Dornen verwendet. Ein zweiter Dorn wird benutzt, um einen in der Fußsohle eingetretenen Dorn zu entfernen. Hat der zweite seinen Zweck erfüllt, wird er einfach weggeworfen.

Epigonen haben, um im Bilde zu bleiben, diesen Dorn aufgehoben, ihn gesäubert und in ein Futteral gesteckt – und bilden sich ein nun ein Instrument zu besitzen, mit dem sich allezeit jede Art von eingetretenen Dornen schmerzfrei und erfolgreich entfernen lässt.

Solltest du auf einen „Lehrer" treffen, der behauptet aufgrund einer „Methode" erwacht zu sein, halte besser Abstand. Er gehört mit hoher Wahrscheinlichkeit zu den eingebildet Erleuchteten.

Sucher
Erstaunlich populär ist seit einiger Zeit eine Bewegung, die „Erleuchtung" durch einfaches Handauflegen propagiert.

Botschaft
Behutsames Handauflegen auf dem Hinterkopf führt bei vielen zu angenehmen Erfahrungen. Wer aber macht diese Erfahrungen? Die PERSON. Wenn aber eine PERSON Erfahrungen macht, dann macht diese PERSON eben besondere Erfahrungen. Mit Erwachen hat das nichts zu tun.

Jeder Lehrer oder ‚Guru', der seinen Anhängern in Aussicht stellt, er könne ihnen mit Hilfe einer bestimmten Methode oder eines bestimmten Rituals dazu verhelfen zu erwachen, führt den Suchenden in die Irre.

Sucher
Manche Lehrer empfehlen ihren Schülern ihr Ego unter Kontrolle zu bringen.

Botschaft
Die Unterscheidung zwischen dem Ego als einem „anderen", „kleinen" und irgendwie „negativen" Teil und dem (meist „Selbst" genannten) „besseren" Teil des ICH steckt tief in den westlichen, von der modernen Psychologie und Psychoanalyse geprägten Köpfen. Sie lässt viele Suchende glauben, sie könnten ihre dem Erleuchtungspfad nicht dienlichen Teile ihres Bewusstseins bekämpfen, unterdrücken oder durch „Psycho-Arbeit" in den Griff bekommen. Darin liegt ein besonders raffiniertes Konzept des ICH. Denn auf diese Weise teilt es – scheinbar – die eigenen unliebsamen Teile von sich ab und kann sich so umso großartiger fühlen.

Sucher
Soll das heißen, als PERSON habe ich überhaupt keine Möglichkeit „mich" zu verändern, mich irgendwie zu verbessern, wie alle ethischen Lehren es fordern?

Botschaft
Solche Möglichkeiten gibt es. Aber diese beziehen sich eben nur auf die PERSON. Mit dem Erwachen hat das nichts zu tun. Erwachen kann es nur geben, wenn sich die PERSON auflöst.

Nehmen wir an, ein Mensch lebt, seit er denken kann, in einer verschlossenen Hütte. Drinnen kann er zwar die Möbel verrücken und hin und wieder die Tapeten erneuern; vielleicht durch die Fenster ab und zu frische Luft hereinlassen und bei Kälte den Ofen heizen. Aber er erfährt nie, wie befreiend und großartig es draußen in der freien Natur sein kann.

Sucher
Also kann ein Suchender überhaupt nichts tun, um in diese „freie Natur" zu gelangen?

Botschaft
BEFREIUNG oder ERWACHEN geschieht – oder nicht. Es gibt nichts, was dafür getan werden könnte. Solange die Ich-identifizierte PERSON im Spiel ist, kann Erwachen nicht geschehen

Sucher
Und wenn sie nicht mehr im Spiel wäre?

Botschaft
Dann erübrigt sich das ganze Gerede und Getue von Erleuchtung, Lehre, Methoden und Wegen. Dann ist einfach Stille, Einssein. Dann fällt auch jegliche Suche in sich zusammen, denn es gibt keine Fragen mehr.

Sucher
Was bedeutet Resonanz?

Botschaft
Manche beschreiben im Rückblick ihr Erwachen als ein Geschehen, das durch die Präsenz eines meisterlichen Lehrers ausgelöste wurde.

Die Präsenz eines Meisters kann aber nur wirken, wenn der Schüler in diesem Moment von allen Vorstellungen, Konzepten und Erwartungen frei ist und damit Akzeptanz dessen da ist, WAS IST. Wenn, anders ausgedrückt, er in diesem Moment nicht ich-identifiziert, also nicht PERSON ist. Dann kann Resonanz zwischen Meister und Schüler geschehen. Und in dieser Resonanz kann ERWACHEN geschehen.

Solange aber der Schüler von dem Wunsch getrieben ist etwas zu bekommen für etwas, was er tut, ist Resonanz nicht möglich. Ein angebliches „Erwachen" wäre dann lediglich eingebildet.

Sucher
Wie fühlt sich wahres Erwacht-sein an?

Botschaft
Ganz offenbar entspannt, leicht und frei. Denn was eine PERSON beschwert, eingeengt und unter Spannung gesetzt hatte, all die Gefühle des Getrenntseins und des Mangels, die Ängste, Hoffnungen und Erwartungen, hat sich in Nichts aufgelöst.

Was zu Tage tritt, ist einfach der natürliche Bewusstseinszustand, der ja in Wirklichkeit niemals abwesend gewesen war. Im Bild von vorhin könnte man sagen: jetzt ist unzweifelhaft klar, dass die Tür der Hütte nie verschlossen gewesen war.

Dialog 2

Sucher
Wenn WAHRHEIT nicht gelehrt und nicht gelernt werden kann, warum reden dann auch wahrhaft Erwachte oder „Wissende“, wie sie auch genannt werden, vor Zuhörern?

Botschaft

WISSENDE erheben nicht den Anspruch die Wahrheit zu verkünden oder eine Methode lehren zu können, die zum Erkennen der Wahrheit, zur „Erleuchtung“, führt. Sie geben lediglich Hinweise auf die Wahrheit. Im Zen kennt man dafür das Bild vom Finger (die hinweisenden Worte oder Gesten des Meisters), der auf den Mond (die WAHRHEIT) zeigt.

Der WISSENDE kennt den „Mond“ und kann deshalb mit dem „Finger“ auf ihn zeigen. Er weiß sehr wohl, dass der Schüler, der den „Mond“ nicht sehen kann, nur auf den „Finger“ starrt und meint dort die Wahrheit zu entdecken. Er weiß aber auch, dass es geschehen kann, dass der Schüler seinen Blick vom „Finger“ löst und beginnt in die Richtung des „Mondes“ zu schauen.

So wie die Menschen sind, ist es offenbar unvermeidlich, dass auch unter denjenigen, die einem WISSENDEN begegnet sind, manche danach öffentlich auftreten, um unter Berufung auf diesen eine bestimmte Lehre oder Methode zu verkünden – obwohl sie selbst noch immer den hinweisenden Finger mit dem Mond verwechseln.

Sucher
Ist ein WISSENDER unverzichtbar, damit ein Schüler beginnen kann „in die Richtung des ‚Mondes‘ zu schauen“?

Botschaft

Nein. Alles kann zum Erwachen führen. Es können Naturphänomene sein wie das Rauschen eines Baches oder das Zwitschern eines Vogels, aber auch psychische Zustände wie Depressionen oder akute Panikattacken. Erwachen kann durch Resonanz mit einem WISSENDEN geschehen, aber genauso gut in ganz gewöhnlichen Alltagssituationen.

Sucher

Kann ich also wirklich überhaupt nichts tun, um der Erleuchtung näher zu kommen?

Botschaft

So ist es. Eine PERSON kann dafür nichts TUN. Sie hat noch nicht einmal die Freiheit sich für etwas Bestimmtes zu entscheiden.

Sucher

Wie soll ich das jetzt verstehen? Ich weiß gewöhnlich sehr wohl, was ich will und was nicht. Und ich könnte auch Beispiele dafür aufzählen, wo ich das, was ich wollte, auch erreicht habe. Was beweist, dass ich einen freien Willen habe.

Botschaft

So drückt sich das ICH gewöhnlich aus.

Nur: dieses ICH ist ja in Wirklichkeit nichts Reales, sondern nur ein gedankliches Konzept, eine Illusion. Und solange diese ICH-Illusion anhält, solange wird die PERSON auch an der Vorstellung eines „freien Willens" festhalten. Es sind allerdings Erfahrungen möglich, durch die dem ICH Zweifel kommen können.

Sucher

Soll das heißen, der Sucher könne durch eigene Erfahrungen überprüfen, wie fragwürdig das Konzept des freien Willens ist?

Botschaft
So kann man sagen. Eine Möglichkeit bietet das Meditieren. Ernsthaft Meditierende, die sich darum bemühen, in ihr Bewusstsein so etwas wie „Leere“ , also die Abwesenheit von Gedanken, zu bringen, machen immer wieder die Erfahrung , dass Gedanken völlig ungewollt wieder ins Bewusstsein drängen. Was nichts anderes heißt als: das ICH hat über sie keine Kontrolle.

Wenn aber das ICH keine Gedanken will, noch ihr Auftauchen verhindern kann, sind sie offenbar von ihm unabhängig. Dann stellt sich die Frage: woher kommen sie? Dann muss es eine Quelle jenseits des ICH geben, aus der die Gedanken auftauchen.

Sucher
Und „Ich“ sehe sie als „meine“ Gedanken an und mache sie zur Grundlage „meines“ Handelns?

Botschaft
So ist es. Das ist gemeint, wenn gesagt wird, das Problem liege in der irrigen Vorstellung des ICH, es handle dank seines „freien Willens“ eigenständig. Und manche WISSENDE verwenden dafür der Einfachheit halber als Kurzform den Begriff „Niemand“. Denn den „Jemand“, der vermeintlich alles, was er tut, selbstbestimmt tut, gibt es nicht und hat es auch nie gegeben.

Sucher
Ich will und kann das einfach nicht akzeptieren. Können wir PERSONEN denn wirklich nichts tun, um auf unser eigenes Leben Einfluss zu nehmen?

Botschaft
Nicht ganz. Es gibt gewisse Möglichkeiten. Allerdings beziehen sich diese lediglich auf unser ICH, also auf gewisse Prozesse innerhalb der PERSON.

Sucher
Psychologische Prozesse?

Botschaft
Ja. Manche psychologischen Prozesse können die PERSON verändern. Insofern kann der Mensch in gewisser Weise also „an sich arbeiten".

Sucher
An welchen Komponenten meiner PERSON kann „ich" denn arbeiten, wenn sie sich positiv verändern soll ?

Botschaft
Das ICH, das sich zur PERSON entwickelt, ist das Produkt von erblichen Anlagen und der Konditionierungen durch die Umwelt (auch Sozialisation genannt). Während sich an den erblichen Anlagen nichts verändern lässt, sind Konditionierungen in Grenzen veränderbar.

Sucher
Dann kann ich also doch gewisse Entscheidungen frei treffen.

Botschaft
So scheint es. Aber in Wirklichkeit entscheidet die PERSON nicht. Sie bildet sich nur ein zu entscheiden. In Wirklichkeit reagiert sie auf vorgegebene Umstände. Der freie Wille des Menschen ist ein Mythos.

Sucher
Was für vorgegebene Umstände?

Botschaft
Zunächst all die äußeren Ereignisse, die in der natürlichen Umwelt geschehen oder die in anderen PERSONEN ihren Ursprung haben.

Sucher
Aber es gibt doch auch andere Entscheidungen. Wenn ich mir zum Beispiel ein bestimmtes Buch kaufe oder mich dafür entscheide zu Satsangs zu gehen.

Botschaft

Auch diese Entscheidungen sind reaktiver Natur. Sie gehen vielleicht nicht auf äußere Einwirkungen zurück, aber dafür auf innere Impulse, auf die das ICH ebenfalls keinen Einfluss hat. Das ICH nimmt vielmehr diese Impulse in seinem Bewusstsein wahr und macht sie zu „seinen" Gedanken.

Aber wie sind sie in sein Bewusstsein gelangt? Wo kommen sie überhaupt her? Und wieso kommt ein bestimmter Gedanke, eine bestimmte Empfindung gerade in diesem Moment?

Der Verstand mag einzelne vielleicht auf die individuelle Persönlichkeit, die genetische Veranlagung oder die Sozialisation der PERSON zurückführen. Aber worauf gehen diese beiden Bestimmungsfaktoren zurück? Wo liegen die Ursprünge all der individuellen Eigenheiten einer PERSON?

Wollte ein ICH versuchen, einen bestimmten „seiner" Gedanken bis zum „Ursprung" zurückzuverfolgen, es würde dieses Bemühen gewiss nach kurzem ergebnislos abbrechen. Denn die Zahl der Faktoren, die zu einem bestimmten Zeitpunkt zu einem bestimmten Gedanken führen, wird sich sehr schnell als unendlich erweisen.

Empfindungen und Gedanken tauchen einfach im Bewusstsein auf, völlig unabhängig davon, was das ICH will oder nicht will. Das ICH re-agiert lediglich darauf, reklamiert das folgende Handeln aber aus Unkenntnis des tatsächlichen Hergangs als „seine" Entscheidung.

Sucher

Dann wären wir ja wirklich nichts anderes als „Marionetten" einer unfassbaren anonymen Macht?

Botschaft

So kann man es beschreiben. Eine PERSON glaubt nur einfach fest daran frei und selbst-bestimmt handeln zu können.

Sucher
Dann könnte ja jeder tun, was ihm gerade einfällt, und jede Verantwortung dafür mit dem Argument ablehnen, er habe es ja „nicht gewollt".

Botschaft
Rein theoretisch Ja. In der Lebenspraxis aber würde eine derartige PERSON sehr schnell Schiffbruch erleiden, sollte sie versuchen diese WAHRHEIT im Miteinander mit andern PERSONEN zum eigenen Vorteil zu instrumentalisieren.

Probier es aus!

Sucher
Und wenn ein spiritueller Lehrer sich so verhielte?

Botschaft
Dann wäre er ein falscher Lehrer. Ein WISSENDER wird nie verantwortungslos handeln – im Gegenteil! Wer sich EINS mit ALLEM weiß, kann gar nicht anders als verantwortungsvoll handeln.

Sucher
Haben auch die WISSENDEN keinen freien Willen?

Botschaft
So ist es. Der Unterschied zwischen dem WISSENDEN und der PERSON liegt aber darin, dass ihm das bewusst ist und er sich nicht im Geringsten daran stört. Im Gegenteil: für ihn ist es die natürlichste Sache der Welt.

Sucher
Wenn es also keinen freien Willen des Einzelnen gibt, wer oder was steuert dann unser Leben?

Botschaft
Es gibt keine Steuerung, keine Absicht und daher auch keinen Sinn (so wie PERSONEN das Wort verstehen). Alle äußeren Ereignisse und inneren Impulse kommen letztlich aus dem unergründlichen NICHTS, das zugleich ALLES ist.

Sucher
Was bedeutet das alles für mein Leben als PERSON?

Botschaft
PERSONEN halten alles, was im Bewusstsein als Empfindungen und Gedanken auftaucht, für die Wirklichkeit: „So bin ich. So ist die Welt. So ist die Welt zu mir". Sie leben also in einer ein-gebildeten Vorstellungswelt. Manche WISSENDE nennen es den „Ich-Traum".

Im klassischen Advaita-Vedanta Indiens findet sich dazu die Analogie von Seil und Schlange:

Ein Mensch erblickt beim Betreten eines Raums im Halbdunklen auf dem Boden unmittelbar vor sich etwas Langes, Dünnes und Gewundenes. Sein Bewusstsein reagiert unwillkürlich mit dem Gedanken: eine Giftschlange. Sein ganzer Organismus ist in heller Aufregung, der Blutdruck steigt, der Puls rast. Die Gedanken gehen panikartig die Handlungsoptionen durch: sich umdrehen und wegrennen, irgendetwas ergreifen und auf die Schlange einschlagen oder ganz bewegungslos stehenbleiben und abwarten? Bewusstsein und Organismus dieses Menschen sind sich übereinstimmend mehrere Augenblicke absolut sicher eine gefährliche Schlange vor sich zu haben.

Dann haben sich die Augen an das Halbdunkle gewöhnt und der Mensch erkennt: die vermeintliche Schlange ist nichts anderes als ein Stück liegengebliebenes Seil.

Sucher
Wie kommt es, dass wir als PERSONEN diesen „Ich-Traum" träumen?

Botschaft

Weil eine PERSON mit ihrem ICH identifiziert ist, ohne sich dessen bewusst zu sein.

Dass das ICH sich erst in den Kindertagen durch äußere Einflüsse allmählich herausgebildet hat, hat sie vergessen. Und an die Zeit vor dem Einsetzen dieses Prozesses fehlt jede Erinnerung. Als inzwischen zum Erwachsenen herangewachsene ICH-PERSON ist sie, wie Ramesh Balsekar es nennt, unter „göttlicher Hypnose". Was heißt: sie ist unfähig zu erkennen, dass alles, was im Bewusstsein erscheint, nur Ein-bildung und Vorstellung ist.

Sucher

Und wann endet dieser „Traum"?

Botschaft

Wenn sich die Identifikation von PERSON und ICH auflöst. Dann können KLARHEIT und WISSEN einkehren

Sucher

Und woher kommt der „Traum" überhaupt?

Botschaft

Aus dem Glauben ein eigenständiges, von ALLEM getrenntes ICH zu sein.

Sucher

Und weil wir ahnen, dass wir damit aus der EINHEIT herausgefallen sind, leiden wir. Und weil wir dieses Leiden überwinden wollen, gibt es die Suche?

Botschaft

So ist es. Viele PERSONEN erhoffen sich die Beendigung dieses Leidens von „spirituellen Wegen" und machen sich auf die Suche.

Dabei ist das, was eine PERSON dann bewerkstelligen mag, um „erleuchtet zu werden“, für das ERWACHEN irrelevant. Ebenso, was für ein Leben sie zuvor geführt hat. Ob eine PERSON viele Jahre auf der Suche nach Wahrheit mit Psycho-Methoden und spirituellen Wegen experimentiert hat (wie Richard oder Gangaji), als Familienvater eine erfolgreiche Karriere als Bankmanager absolviert hat (wie Ramesh) oder einfach Alkoholiker und Junkie war (wie Wayne): nichts davon hat irgend etwas zu bedeuten.

ERWACHEN geschieht einfach. Das künstliche ICH-Gebäude bricht in sich zusammen, der ICH-Traum zerplatzt und im „Wiederanschluss“ („religio“) an den URSPRUNG wird gesehen, dass es ein getrenntes Individuum nie gegeben hat.

Sucher
Und das ist es, was Begriffe wie Nicht-Dualität oder Advaita ausdrücken wollen?

Botschaft
Ja. Es gibt nur GEWAHRSEIN. ALLES ist GEWAHRSEIN. Was ins individuelle Bewusstsein einer PERSON tritt, ist nur eine vorübergehende Manifestation dieses kosmischen BEWUSSTSEINs. So wie die Welle eine vorübergehende Erscheinungsform des endlosen Ozeans ist.

Ein ICH kann sich das nicht vorstellen. Ist es doch fest überzeugt, etwas Einzigartiges, von ALLEM Unabhängiges zu sein.

Sucher
Gibt es Menschen, die das alles verstehen?

Botschaft
Ja, aber nicht in dem Sinne, wie PERSONEN den Begriff „verstehen“ gebrauchen. Sondern in einem vom PERSON-Sein losgelösten Sinn. Manche

nennen es „höchstes Verstehen“ oder einfach KLARHEIT. Es impliziert allerdings die vollständige Annahme all dessen, WAS IST. In der altindischen spirituellen Philosophie spricht man in diesem Zusammenhang von „bhakti“, was so viel wie „Demut“ oder „Hingabe“ bedeutet.

Sucher

Wenn das ICH also ein „Niemand“ ist, wer oder was bestimmt dann über unser Leben?

Botschaft

Nichts wird bestimmt. Alles ist einfach ein großes Geschehen oder, wie manche es nennen, ein „kosmisches Spiel“. Die indische spirituelle Philosophie kennt dafür den Begriff „Lila“.

Sucher

Und der „Spielleiter“ ist eine anonyme, unfassbare und unvorstellbare Energie?

Botschaft

So kann man es ausdrücken. Die Menschen haben sich, je nach kulturellem Kontext, viele unterschiedliche Namen dafür ausgedacht: das All-Eine, der Ursprung, die Quelle, kosmisches BEWUSSTSEIN, Tao oder Gott. Doch ganz gleich, welche Bezeichnung oder Umschreibung gewählt wird, mit Worten lässt sich WAHRHEIT ohnehin nicht ausdrücken. Für den menschlichen Verstand ist sie schlicht ein unlösbares Rätsel, ein Mysterium.

Sucher

Genauso wie die „Hypnose“, die den Menschen in die Irre führt und ihn leiden lässt?

Botschaft

Ja. Das hypnotisierte ICH scheint einfach zum kosmischen Spiel zu gehören.

Sucher
Was geschieht mit dem Sucher-ICH, wenn kein ERWACHEN eintritt?

Botschaft
Dann geht das ICH-Spiel einfach weiter. Wenn es irgendwann ans Sterben geht, ist es ohnehin zu Ende. Das ICH ist ja nur ein Gedankenprodukt der PERSON. Wie könnte es deren physisches Ende überleben?

*

Sucher
Kann ich meine zukünftige Suche an dem, was ich aus diesem Dialog gelernt habe, ausrichten?

Botschaft
Wie meinst Du das?

Sucher
Nun, als der Wahrheit, der ich folgen sollte.

Botschaft
DIE Wahrheit gibt es nicht. Jeder hat zu jeder Zeit SEINE Wahrheit – bis er eine neue hat. Dann ist diese für ihn Wahrheit.

Höchste, absolute WAHRHEIT kann weder mit Gedanken gedacht noch mit Worten gesagt werden. Deshalb ist auch alles, was hier gesagt wurde, nicht WAHRHEIT.

Vielleicht eine Art Hinweis? Wer weiß?

3. Finger, die zum Mond weisen

Wenn du den Schlüssel zur Befreiung finden möchtest, gibt es eine gute und eine schlechte Nachricht. Die schlechte Nachricht ist: Es gibt keinen Schlüssel zur Befreiung. Die gute Nachricht ist: Die Tür wurde gar nicht abgeschlossen.
[Jan Kersschot]

Tatsächlich geschieht einfach nur Suche, aber eben durch ein bestimmtes Ego, und das Ego, durch das die Suche geschieht, hat sich nicht selbst dazu entschlossen. Wüsste es, was für ein Elend diese Suche ist, hätte es entschieden davon Abstand genommen.
[Ramesh Balsekar]

Wir alle werden in die Ganzheit hineingeboren, legen uns aber schon in jungen Jahren ein Selbst-Bewusstsein zu, wodurch es zu einem Gefühl von Trennung und Verlust kommt. Irgendwie, scheint uns, sind wir aus dem Paradies vertrieben worden, und so verbringen wir, ob es uns bewusst ist oder nicht, den Rest unseres Lebens mit dem Bemühen, wieder ganz zu werden und ins Paradies zurückzukehren. Wir ersinnen wundersame Vorstellungen und spinnen Unmengen von Geschichten, und all das Umherirren und Suchen bringt den gesamten Stammbaum der Religionen und spirituellen Pfade, der Epen von Propheten und Göttern und Heiligen und seltsamen Heiligen hervor.
[Richard Sylvester]

In Wahrheit seid ihr schon das, was ihr sucht. Ihr sucht nach Gott mit Gottes eigenen Augen. Diese Wahrheit ist so einfach und so schockierend, so radikal und tabu, dass sie im Wirbel der Suche leicht untergeht.
[Adyashanti]

Erwachen geschieht direkt, auf einfache Art und so natürlich wie unser Atem. Viele werden wie zufällig eine solche Erfahrung machen und sich schnell wieder auf das zurückziehen, was sie kennen und gelernt haben. Doch es wird Menschen geben, die sich von der Einladung angezogen fühlen…sie werden mit einem Mal erkennen und bereit sein, alles Suchen aufzugeben, sogar das Streben nach Erleuchtung.
[Tony Parsons]

Es geht um das Paradoxon, dass wir uns an etwas erinnern müssen, das niemals wirklich vergessen war. Es geht um das, wer oder was Sie wirklich sind, nicht um etwas, das Sie sein oder werden sollten.
[Leo Hartong]

Während des Erleuchtungsvorgangs wird dir klar, dass der Mensch, mit dem du dich identifiziert hast, nur die Figur aus einem Theaterstück ist, und die Welt, in der du dich wähntest nur eine Bühne; und so durchläufst du einen Prozess der radikalen Demontage deines Wesens, um zu sehen, was danach noch übrig bleibt. Das Ergebnis ist kein erleuchtetes Selbst oder wahres Selbst, sondern das Nicht-Selbst . Und wenn alles vorbei ist, ist es an der Zeit, wieder zu einem auf dieser Welt lebenden Menschen zu werden, und das bedeutet: wieder in dein Kostüm zu schlüpfen und zurück auf die Bühne.
[Jed McKenna]

Ich betrachte es als meine Aufgabe, die Illusion von Erleuchtung zu zerstören, die Scheinheiligkeit und falsche Mystifikation, die jahrtausendelang um Erleuchtung gelehrt worden ist und unter der wir heute noch leiden. Erleuchtung ist ein vollkommen gewöhnlicher Zustand. Er ist leider so gewöhnlich, dass der Geist – der häufig nach wie vor nach dem Ungewöhnlichen sucht, vom Ungewöhnlichen angezogen wird und glaubt dort das Glück zu finden – blind gegenüber der einfachen Wahrheit seiner selbst ist.
[OM C. Parkin]

Lehren, Techniken und Stufenwege, die Erleuchtung anstreben, verschärfen nur das Problem, das sie lösen möchten, wenn sie die Vorstellung untermauern, das Selbst könne irgend etwas finden, was es meint verloren zu haben. Es ist genau dieses Bemühen, diese Investition in die eigene Identität, was ständig die Illusion einer Trennung vom Einssein aufrechterhält. Dies ist der Schleier, den wir für wirklich halten. Es ist der Traum von der Individualität.
[Tony Parsons]

Aus der Perspektive des Unendlichen ist es völlig offensichtlich, dass das individuelle Selbst überhaupt nicht existiert. Die Vorstellung, dass wir ein Selbst haben, welches die Dinge kontrolliert oder vermittelt oder der Handelnde hinter unseren Handlungen ist, ist absurd. Das individuelle Selbst ist nichts weiter als eine Vorstellung davon, wer wir sind. Vorstellungen sind Vorstellungen – und sonst nichts. Eine Vorstellung kann niemals der Handelnde oder der Schöpfer von irgendetwas sein; sie kann nur sein, was sie ist – eine Vorstellung.
[Suzanne Segal]

In Wahrheit bist du reines Bewusstsein: Du bist weder dein Name noch dein Körper, weder deine Emotionen noch deine Gedanken. Das sind nur Hüllen, die kommen und gehen. Sie entstehen, existieren eine Zeit lang und vergehen wieder. Bewusstsein kommt nicht und geht nicht. Es ist hier und jetzt. Es kennt keine andere Zeit.
[Gangaji]

Es gibt nur die Gegenwart, das, was ist. Dies ist alles, was es gibt. Der gegenwärtige Augenblick bleibt völlig unberührt von irgendwelchen Geschichten, die in ihm erscheinen.
[Nathan Gill]

Alle suchen nach dem Freisein von Schmerz, von Furcht und Traurigkeit. Der Phantasienamen, den wir dafür erfinden ist – Erleuchtung. Und damit beginnt die Suche: „Wenn ich erleuchtet bin, werde ich frei von allen Leiden sein". Diese Vorstellung ist eine Illusion. Denn „Freisein von" bedeutet sich vom Leben zu distanzieren. Aber alles was ist, ist das Leben. Wahre Freiheit dagegen kennt keine Bedingungen. Wirklich frei zu sein heißt: das zu sein, was du in diesem Augenblick gerade bist.
[Jeff Foster]

Es gibt eine Suche, doch keinen individuellen Suchenden. Es gibt Handlungen, doch keinen individuellen Handelnden. Das ist alles, Punkt und Schluss!
[Ramesh Balsekar]

Wenn in einer bestimmten Person der Wunsch auftaucht etwas Bestimmtes zu tun und das Universum kooperiert, dann geschieht es. Wenn ich sage „das Universum kooperiert", sage ich, dass die Person nur scheinbar entscheidet. Nehmen wir an, bei dir taucht der Gedanken auf, „Ich brauche einen spirituellen Lehrer. Da ist einer gerade in der Stadt. Ich will ihn sehen". Dann folgt dem Gedanken der Wunsch. Dem Wunsch der Impuls. Und dem Impuls die Entscheidung. Aber ob die Entscheidung dazu führt, dass du den Lehrer tatsächlich siehst, hängt von unzähligen anderen Dingen ab, über die du überhaupt keine Kontrolle hast

[Wayne Liquorman]

Wenn du bereit bist, auf die Stille selbst zu hören und nicht nur auf das, was in ihr erscheint, wenn du dir des unendlichen Raums bewusst bleibst und nicht nur die Phänomene des Innen und Außen wahrnimmst, die allesamt vergänglich, allesamt leer an eigener Substanz sind, dann stehst du in Staunen und Ehrfurcht da und erkennst dich als das, was immer ungetrennt war von der Unendlichkeit, von der Liebe, vom reinen Bewusst-Sein.

[Pyar]

Denke für dich selbst und finde heraus, was wahr ist. Das ist alles. Frage dich so lange, was wahr ist, bis du es weißt. Jetzt bist du dran. In deinem eigenen Universum. Es ist niemand anderes hier, nur du, und nichts wird dir je verweigert. Du bist ganz allein. Alles steht bereit, um von dir unmittelbar erkannt zu werden. Kein anderer hat, was du brauchst. Kein anderer kann dich führen, ziehen, stoßen oder tragen. Kein anderer kann dir für deinen Prozess von Nutzen sein. Einfacher geht es nicht – du schläfst, und du kannst erwachen. Wenn dir das einleuchtet, dann leuchtet dir auch ein, dass dies die beste Nachricht ist, die ich dir überbringen kann.

[Jed McKenna]

Anmerkungen

Teil 1

1. Die hier „Geschichten“ genannten biographischen Angaben geben keine „Fakten“ wieder, sondern sind lediglich „lineare Beschreibungen nicht-linearer Ereignisse, die sich auf scheinbare Individuen beziehen“ (Leo Hartong)

2. In modernen Texten über Spiritualität werden die Begriffe Erleuchtung und Erwachen häufig synonym bzw. alternativ verwendet. Sie suggerieren jedoch Unterschiedliches. „Erleuchtung“ impliziert eine Interaktion zwischen einem Subjekt und einem Objekt, „Erwachen“ dagegen ein rein subjektives Geschehen.

In diesem Buch werden die beiden Begriffe bewusst unterschiedlich eingesetzt. Der Begriff „Erleuchtung“ (ohne oder mit Anführungszeichen) wird verwendet, wenn vom Ziel oder Objekt einer spirituellen Suche die Rede ist; der Begriff „Erwachen“ (ohne Anführungszeichen, mitunter in Großbuchstaben) für jenen radikalen Bewusstseinswandel, der dem Suchen ein Ende setzt.

3. Zitate aus bisher nicht auf Deutsch erschienenen englischsprachigen Werken sind Übersetzungen des Autors

4. Zitat Vorwort: „eine kritische Auseinandersetzung mit der modernen, als Satsang bekannten Form von Spiritualität aus der Sicht der ihr zugrundeliegenden traditionellen Lehre, Advaita-Vedanta.“. Der Autor, Dennis Waite, hatte sich schon zuvor mit mehreren Büchern über das klassische Advaita-Vedanta in Fachkreisen einen Namen gemacht.

Teil 2

1. Karlfried Graf Dürckheim, Weg der Übung – Geschenk der Gnade, Aachen 1988

2. in der Terminologie Ken Wilbers: der Übergang von der „prä-personalen“ zur „personalen Phase“ der menschlichen Bewusstseinsentwicklung.

3. Tolles daraufhin entstandenes erstes Buch „Jetzt ! Die Kraft der Gegenwart“ (Untertitel: „Leitfaden zum spirituellen Erwachen“) kann als eine Bestätigung dieser persönlichen Selbsteinschätzung gesehen werden. Darin wird dem Leser gleich in der Einleitung die Erkenntnis darüber in Aussicht gestellt, wie man sich „von der Sklaverei des Verstandes befreien, in den erleuchteten Zustand des Bewusstseins eintreten und ihn im täglichen Leben aufrechterhalten“ kann. Die zahlreichen, den gesamten Textteil durchlaufenden Ratschläge des Autors (wie: „Verbleibe von nun an im Jetzt“ , „Habe tiefe Wurzeln im Innern“ oder „Gib die Beziehung zu dir selbst auf“), können beim Leser den Eindruck erwecken, er könne durch deren gewissenhafte Befolgung das spirituelle Erwachen erreichen.

4. aus: Geleitwort zu Daisetz T. Suzuki „Die große Befreiung. Einführung in den Zen-Buddhismus“; München 1988

5. Quelle: Artikel „Eine Satsanglehrerin steigt aus“ (Archiv der Zeitschrift „Connection“)

6. Das Buch, verfasst von der Psychologin und Anthropologin Mariana Caplan, ist eine Art wissenschaftliche Recherche zum Thema „die Gefahren und Irrtümer verfrühter Ansprüche, erleuchtet zu sein“. Es basiert auf persönlichen Interviews mit prominenten Vertretern des spirituellen Establishments („Meistern, angesehenen Psychologen und Wissenschaftlern“) in den USA und reflektiert das Bemühen der Autorin, die Banalisierung und den

Missbrauch des Begriffs „Erleuchtung" durch die New-Age-Bewegung offenzulegen und ernsthafte Sucher davor zu warnen sich darauf einzulassen.

Zitat: „... die dramatisch ansteigende Beliebtheit der Spiritualität in der westlichen Welt [bringt] heute mehr Menschen als je zuvor mit spirituellen Ideen und Idealen in Berührung ... Zugleich aber ist in der zeitgenössischen Spiritualität ... das Thema Erleuchtung einer der größten Schauplätze für Naivität, Ignoranz, Selbstbetrug und Verwirrung" (S.21).

7. Der Begriff „Enlightenment" dient im Englischen sowohl zur Bezeichnung der geschichtlichen Periode der Aufklärung als auch des spirituellen Phänomens eines individuellen Erwachens. Im kulturellen Kontext der USA suggeriert daher Cohens Konzept des „Evolutionary Enlightenment" eine Art symbiotischen Zusammenwirkens von rationaler Wissenschaftlichkeit und spiritueller Transzendenz. Es handelt sich also um ein in sich widersprüchliches und per se dualistisches Konzept. Vgl. auch (in „Spirituell unkorrekte Erleuchtung") Jed McKennas Antwort auf die Frage, ob Erleuchtung eine natürliche Stufe der Evolution sei:

„Die Antwort lautet nein. Wenn überhaupt, dann ist Erleuchtung so etwas wie entgleiste Evolution...Evolution hat mit Wandel zu tun, und Erleuchtung hat mit Wahrheit zu tun, die unwandelbar ist. Evolution spielt sich in einem umfassenderen Kontext ab als dem unserer Alltagsexistenz, aber sie ist immer noch in einen dualistischen Kontext gekleidet. Mit anderen Worten: Evolution, Wachstum, Entwicklung, Wandel, was auch immer, sind allesamt Teile der Dramaturgie dualistischen Daseins. Erleuchtung nicht."

8. Der Duktus der Erklärung lässt darauf schließen, dass im engeren Führungskreis der Bewegung die Toleranzgrenze mit Andrews autoritären Führungsverhalten und der Diskrepanz zwischen Lehre und Person ihres „Gurus" erreicht worden war. Man scheint sich entschlossen zu haben ihn zum Rückzug zu bewegen, ohne ihn allerdings damit zugleich (wohl mit Rücksicht auf den sonst zu erwartenden Schaden für die gesamte Bewegung) als falschen Lehrer zu decouvrieren.

9. Pyar über Missbrauch von Schülern durch einen spirituellen Lehrer: „Die Auswirkungen sind enorm, denn der missbrauchte Mensch hat nicht nur Geld, Zeit, Selbstwert und so weiter verloren, er ist nicht nur in seiner Würde verletzt worden, sondern zudem in seinem spirituellen Vertrauen. ... Der Missbrauch muss noch nicht einmal in klarer, bewusster Absicht geschehen, sondern passiert oft in den Unbewusstheit, die mit dem spirituellen Ego eines solchen Pseudo-Meisters einhergeht."

Vor diesem Hintergrund werfen die Ereignisse um Cohen eine Reihe ernsthafter Fragen auf: Hat sich seine eigene Fan-Gemeinde und darüber hinaus die „spirituelle Szene" in den USA insgesamt (einschließlich Ken Wilber) nahezu drei Jahrzehnte lang von einem „Pseudo-Meister" irreleiten lassen? Wollten viele partout nicht sehen, dass hier möglicherweise ein selbsternannter „Guru" das Recht für sich beanspruchte, seinen Schülern mit rüden Methoden ihr „widerspenstiges" Ego auszutreiben, während er selbst ein eigenes narzisstisches Ego verdrängte? Weshalb haben seine engen Mitarbeiter ihn so lange gewähren lassen, obwohl die Folgen für die Psyche der Schüler seit über zwanzig Jahren hinreichend bekannt gewesen waren?

10. Die in diesem Zitat geschilderte erste LSD-Erfahrung, 1953 im Rahmen eines Forschungsprogramms an der Medizinischen Fakultät der Karls-Universität in Prag, ist der Wendepunkt im Leben des 1931 geborenen Stanislav Grof. Der Medizinphilosoph und Psychiater beschließt daraufhin, sich eingehend mit dem Studium außergewöhnlicher Bewusstseinszustände zu beschäftigen. Ab 1960 untersucht er die Wirkungen von Psychedelika, vor allem LSD. Zunächst in Prag, dann in den USA, u.a. am Esalen Institute im kalifornischen Big Sur.

11. Quelle: Zundel, Leitfiguren der Psychotherapie, München 1987

12. Quelle: WIE-Magazin Ausgabe 33, Herbst 2009

Teil 3

1. vgl. Vorwort zu Parkins neustem, als „Lehrbuch der inneren Wissenschaft“ beschriebenen Werk „Die Intelligenz des Erwachens, Die spirituelle Neugeburt des Menschen“

2. „Weil die heutige Kultur so vollständig vom Materialismus beherrscht wird und die Spiritualität ihren Weg auf den Massenmarkt gefunden hat, fließen auch die Verzerrung spiritueller Begriffe und Konzepte, das Bedürfnis sich spirituell zu kleiden, spirituell zu reden und sich selbst als spirituell zu betrachten, in die Massenkultur über. Man könnte sagen, wir leben in einem Zeitalter eines weit verbreiteten spirituellen Materialismus“ (Mariana Caplan)

3. s.Literaturhinweise: Arjuna Ardagh; “Lautlose Revolution“.

Nick Ardagh (angenommener Name „Arjuna“) gibt nicht Satsang, sondern bietet „Erwachen durch Coaching“ (engl.: Awakening Coaching) an. Seine Zielpersonen sind Menschen, die er als „Transluzente“ bezeichnet. (Zitat: „Transluzente passen nicht in eine Schublade. Im Allgemeinen folgen sie nicht einem bestimmten Lehrer oder einer Gruppe, obwohl viele das in ihrer Vergangenheit getan haben. Sie sind nicht auf so eine Art und Weise „spirituell“, dass dies offensichtlich wäre...Im Allgemeinen betrachten sie sich nicht als „erleuchtet“ oder dass sie irgendetwas erreicht hätten, und sie versuchen auch nicht erleuchtet zu werden.“). Sein Konzept ist darauf angelegt die „Qualität des spirituellen Lebens“ dieser Zielgruppe „zu verbessern“. Interessenten können über seine Organisation einen „Awakening Coach“ finden oder sich selbst dazu ausbilden lassen.

4. Quellen: Deeksha-Homepage 2010 bis Anfang 2014

5. Der unter diesem Pseudonym schreibende Jed McKenna ist eine außergewöhnliche Erscheinung auf der spirituellen Szene. Über seine Identität ist nichts bekannt. Seine Bücher sind der Form nach eine Mischung aus erfundenen Erlebnissen, inneren Monologen, Zitaten anderer Autoren und fiktiven Dialogen. Die Inhalte reflektieren radikales Advaita. Die Sprache ist kompromisslos direkt.

Jed McKenna legt besonders nachdrücklich Wert auf die Unterscheidung zwischen spirituellen Erfahrungen einerseits (er nennt sie „mystisch“) und Erwachen andererseits. Eine „mystische“ Erfahrung ist für ihn eine Erfahrung, die eine Person macht und die dann zu einer Erinnerung und letztendlich zu einem „realitätsfernen Traum“, (der sich mit Worten beschreiben lässt) verblasst; wahres Erwachen dagegen das ganz reelle (und in Worten nicht wiedergebbare) „Ende des Traums“.

6. dieses und die folgenden Zitate sind entnommen aus: Bittrich/Salvesen, „ Die Erleuchteten kommen“

7. „Guru“ ist in der spirituellen Philosophie Indiens ein als erwacht geltender Lehrer der Nicht-Dualität/All-Einheit (Sanskrit: „Advaita“). Herausragende („gott-gleiche“) Gurus können sich den Ehrentitel „Bhagavan“ zulegen (dieser Begriff wurde in den 70 er Jahren im Westen v.a. durch „Bhagwan“ Shree Rajneesh, bekannt, der sich später Osho nannte). Gurus etablieren sich als spirituelle Lehrer einfach dadurch, dass es Anhänger gibt, die sie als authentisch Erwachte betrachten. Da sie in der Regel nicht in einer Traditionslinie stehen und keiner Autorisierung bedürfen, sind Fälle von „falschen Gurus“, die sich ihr Erwachen möglicherweise nur einbilden (mitunter auch zweifelhafter persönlicher Integrität sind), nicht selten.

Literaturhinweise

Adyashanti; Tanzende Leere
München, 2007

Balsekar, Ramesh; Wo nichts ist, kann auch nichts fehlen
München, 2009

ders.; Pointers from Nisardagatta Maharaj
Bombay, 1982

ders.: Wen kümmert's
Bielefeld, 2002

Foster, Jeff; Das Wunder des Seins
Hamburg, 2011

Gangaji; Der Diamant in Deiner Tasche
Goldmann Arkana, München, 2009

Gangaji und Eli Jaxon-Bear; Die Flamme der Wahrheit
Lüchow, Freiburg, 2000

Gill, Nathan; Sein-sonst nichts
Kruse-Verlag, 2008

ders.; Clarity
www.NathanGill.com

Hartong, Leo; Zum Traum erwachen
Winterthur, 2006

Kersschot, Jan; Niemand zu Hause
Kamphausen, Bielefeld, 2003

Liquorman, Wayne; Acceptance of What Is
Advaita Press, USA, 2000

ders.; The Way of Powerlessness
Advaita Press, USA, 2012

McKenna, Jed; Verflixte Erleuchtung
Winterthur, 2004

ders.; Spirituell unkorrekte Erleuchtung
Aachen, 2005

ders.; Spirituelle Dissonanz
Aachen, 2009

Parkin, OM C.; Die Geburt des Löwen
Goldmann Arkana, München, 2006

ders; Die Intelligenz des Erwachens
Advaita Media, 2010

Parsons, Tony; The Open Secret
Open Secret Publishing, UK, 2011

ders.: Das ist Es
Bielefeld, 2004

Segal, Suzanne; Kollision mit der Unendlichkeit
rororo, 2005

Sylvester, Richard; Erleuchtet – und was jetzt?
München, 2007

ders.; Wer braucht eigentlich Nirwana?
München, 2011

ders.; Das Buch Niemand
München, 2009

Tolle, Eckhart; Jetzt, Die Kraft der Gegenwart
Bielefeld, 2000

Troll, Pyar; Reise ins Nichts
Bielefeld, 2002

diess.; Satsang
München, 2006

Sonstige:

Ardagh Arjuna; Lautlose Revolution
Bielefeld, 2006

Bittrich D. u. Salvesen C.; Die Erleuchteten kommen
München, 2002

Caplan, Mariana; Auf halbem Weg zum Gipfel der Erleuchtung
Petersberg, 2002

Jaxon-Bear, Eli (Hrsg.); Sei still! Satsang mit H.W.L. Poonja
Bielefeld, 2002

Salvesen, Christian; Advaita. Vom Glück mit sich und der Welt eins zu sein
Bern, 2003

Waite, Dennis; Enlightenment: The Path through the Jungle
Winchester, UK, 2008

Zeitfracht Medien GmbH
Ferdinand-Jühlke-Straße 7
99095 Erfurt, Deutschland
produktsicherheit@kolibri360.de